首阳教育书系

全媒体时代
高校思政教学创新研究

王丽娜　著

陕西师范大学出版总社　西安

图书代号 JY24N2570SY

图书在版编目（CIP）数据

全媒体时代高校思政教学创新研究 / 王丽娜著 .
西安 ： 陕西师范大学出版总社有限公司， 2024. 12.
ISBN 978-7-5695-5500-4

Ⅰ . G641

中国国家版本馆 CIP 数据核字第 2025YY3739 号

全媒体时代高校思政教学创新研究

QUANMEITI SHIDAI GAOXIAO SIZHENG JIAOXUE CHUANGXIN YANJIU

王丽娜 著

特约编辑 刘会娟
责任编辑 段 静 赵苏萍 崔 甜
责任校对 曹小荣
封面设计 知更壹点
出版发行 陕西师范大学出版总社
（西安市长安南路 199 号 邮编 710062）
网 址 http://www.snupg.com
印 刷 三河市南阳印刷有限公司
开 本 710 mm×1000 mm 1/16
印 张 10
字 数 200 千
版 次 2025 年 6 月第 1 版
印 次 2025 年 6 月第 1 次印刷
书 号 ISBN 978-7-5695-5500-4
定 价 60.00 元

作者简介

王丽娜，女，1980 年 12 月生，毕业于河北师范大学思想政治教育专业，现任职于石家庄信息工程职业学院，副教授职称，省级先进德育工作者。研究方向为思想政治教育，多年来一直承担思想政治理论课教学和研究工作，发表论文 30 余篇，主持参与科研课题 10 余项，多次在省级、市级比赛中获奖。

前　言

随着信息技术的飞速发展，全媒体时代悄然而至，为各行各业带来了前所未有的变革，也为高校思政教学带来了新的挑战与机遇。在此背景下，如何有效利用全媒体技术，创新高校思政教学模式、提升教学效果，成为高校思政教育工作者亟须解决的问题。本书聚焦于全媒体时代背景下高校思政教学的创新研究，旨在探讨如何充分利用全媒体的优势，推动高校思政教学的转型升级。

全书共六章。第一章为全媒体时代概述，主要阐述了全媒体概念、全媒体相关技术、全媒体时代的特征等内容；第二章为高校思政教学现状剖析，主要阐述了高校思政教学模式现状、资源配置现状、师资队伍现状等内容；第三章为全媒体时代对高校思政教学的影响，主要阐述了全媒体时代对高校思政教学理念的影响、对高校思政教学内容的影响、对高校思政教学方式的影响等内容；第四章为全媒体时代高校思政教学理念创新，主要阐述了全媒体时代高校思政教学理念创新的必要性及创新策略等内容；第五章为全媒体时代高校思政教学内容创新，主要阐述了全媒体时代高校思政教学内容创新的必要性及创新策略等内容；第六章为全媒体时代高校思政教学方式创新，主要阐述了全媒体时代高校思政教学方式创新的必要性、跨学科融合教学方式、互动式教学方式、网络教学方式等内容。

在撰写本书的过程中，笔者借鉴了大量学者的前沿研究成果，在此表示衷心感谢！由衷期待这本书能够帮助读者在学习及工作实践中结出丰硕的果实。

探索知识的道路是永无止境的，由于笔者水平有限，本书难免存在不足之处，恳请专家、同行及时斧正，以便改进和提高。

目　录

第一章　全媒体时代概述

本章为全媒体时代概述，围绕全媒体概念、全媒体相关技术、全媒体时代的特征等三方面展开论述，为后续的深入研究夯实理论基础。

第一节　全媒体概念

一、全媒体发展的重要特征

（一）信息技术的快速进步

随着互联网技术的广泛应用，人们获取信息的方式从报纸、广播、电视等传统媒体转向了更便捷的数字化渠道。4G、5G 等移动通信技术的发展，使人们可以随时随地通过智能设备接收信息，推动了全媒体的发展。人工智能技术优化了内容生产和分发，大数据分析使媒体能够更精准地推送内容，增强了用户的体验感。

（二）用户需求的改变

现代用户希望接收的内容更加贴合个人兴趣和需求，这驱动了媒体内容的多元化和精准化。用户不仅希望获取信息，还希望与内容互动，甚至成为内容的创造者和传播者。

（三）媒体生态的转型

报纸、杂志、电视等传统媒体加速布局数字化渠道，试图与新媒体竞争并找到新的盈利模式。短视频平台、直播平台等社交媒体成为新兴的信息传播渠道，改变了信息传播方式。

（四）政策和社会环境的影响

许多国家出台了支持媒体融合与创新的政策，推动传统媒体与新媒体的融合发展。随着全球范围内社会信息化的持续推进，人们对信息的依赖程度显著增加，这为全媒体的发展提供了广阔的市场需求。

（五）传播模式的演变

全媒体打破了传统单向传播的格局，实现了传播者与受众的即时互动。文字、图片、音频、视频、虚拟现实等多种媒介形态相互融合，使信息传播更加丰富和立体。

（六）技术和平台的驱动

基于算法的内容推荐大大提高了内容分发的效率，增强了用户黏性。全媒体通过多个平台（如微信、微博、抖音、快手）协同传播，实现了内容的最大化覆盖。

二、全媒体概念的确定

“全媒体”这一概念虽未被学界正式定义，但其经过传媒界的实践，随着媒体形式的不断涌现与演变，以及内容、渠道、功能等多层面的融合而逐渐发展。其中，“全”的含义广泛，不仅囊括了报纸、杂志、图书、广播、电视、音像、电影、计算机网络、电信网络、卫星通信网络等各种传播载体，还涵盖了视觉、听觉、触觉等人类接收信息的多种感官。此外，全媒体还能根据受众的不同需求，选取最恰当的媒体形式和渠道进行深度融合，以提供超细分服务，进而实现对受众的全面覆盖，达到最佳传播效果。近年来，“全媒体”的概念日益受到重视，并开始在新闻传播、远程教育等多个领域被广泛应用。

2009 年 10 月，首届世界媒体峰会在北京举行，吸引了全球众多知名传媒机构前来参与。会议中，八项议题里有一半都聚焦于传统媒体与新媒体的关系，众多主流媒体对“全媒体”的定义进行了深入探讨，其核心在于通过多种形式、渠道和平台的拓展，使信息能够更有效地传递给受众。在信息时代，单一传输途径已无法满足媒体生存的需求，因为信息接收者已开始使用各种信息终端。

2011 年 4 月 1 日，由清华大学、凤凰卫视主办的“华语媒体高峰论坛——迎接全媒体时代”在清华大学举行。海内外华文传媒的学者、企业家及报纸、广播电视与互联网媒体的代表首次专门针对“全媒体”进行了深入讨论。凤凰卫视时任总裁刘长乐指出，全媒体时代，各种媒体形态并非相互竞争，而是各展所长、相辅相成。他强调，全媒体化是传统媒体与新媒体融合的过程，在传统媒体向新媒体过渡的同时，新媒体也将引领媒体发展走上全媒体之路。

随着新媒体的不断发展和变化，传统媒体受到巨大冲击，新旧媒体在内容、渠道、功能层面逐步融合，使得“全媒体”这一概念开始被广泛使用。全媒体是数字化信息技术、网络技术、通信技术发展和普及的产物，是在新媒体、跨媒体、多媒体等概念和实践应用基础上逐步衍生出来的新形态。

时至今日，在互联网上搜索“全媒体”，可以发现与全媒体相关的热门话题特别多，包括数字电视、移动电视、交互式网络电视、手机多媒体、网上即时通信群组、博客、微博、微信等，既有新的媒体形式，也有全媒体硬件、软件，或新的媒体经营模式。

全媒体主要基于计算机信息处理技术，通过无线、有线宽带及卫星网络等现代化传播手段，传播数字化文字、音频、图像、视频等信息。它是相对于传统媒体而言的一个概念，是满足差异化需求的新兴传播方式。随着科技的日新月异，全媒体的范畴将不断变化。

全媒体不仅包含新媒体，还包含传统媒体，它不是多种媒体技术的简单堆积，而是多种媒体的深度有机融合。全媒体打破了传统媒体形式之间、新旧媒体形式之间的对立和隔绝，将各类不同的媒体形式进行多重整合，产生全新的综合性媒体形式。

从实践应用层面看，全媒体不仅体现为不同媒体形式的融合，也体现为各种不同媒介形态的综合应用。同时，它还表现为媒介内容生产方式、传播手段、营销方式等各个方面的综合性应用。可以说，全媒体是一种全新的媒介观念、综合的媒体形式、多元的信息传播手段和新型的信息传播方式。

综上所述，全媒体是一个涵盖所有媒体形态和传播渠道的概念，包括传统媒体（如电视、广播、报纸和杂志）以及新兴媒体（如互联网、社交网络和移动终端应用等）。全媒体是信息、通信及网络技术条件下各种媒体实现深度融合的结果，是媒体形式大变革中崭新的传播形态，是新媒体发展的新阶段和新领域。它建立在数字科技及信息传播技术高速发展的基础上，任何主体都能够借助一定的网络平台相对自主地对信息进行检索、提供与传播，从而达到信息交互与共享的目的。它是普通民众相对自由地开展快捷、高效交流的一种传播媒介。

三、全媒体的特点

全媒体不仅仅是一种技术上的革新，更是一种传播理念的转变。它改变了传统媒体时代信息传播的单向性，使信息的生产者、传播者和接收者之间的界限变得模糊。在全媒体时代，每个人都可以成为信息的发布者，每个终端都可以成为信息的传播平台，这种全员参与的特性极大地丰富了信息的来源。

同时，全媒体还强调信息的全效传播。通过精准的数据分析和智能化的推荐算法，全媒体能够准确地把握用户的需求和偏好，为用户提供个性化的信息推送。这种定制化的服务不仅提高了信息的传播效率，也极大地提升了用户的满意度和忠诚度。

此外，全媒体还具有跨平台、跨终端的特性。在全媒体时代，用户可以通过计算机、手机、电视等多种终端接收信息，而信息也可以在不同的平台之间自由流转。这种无缝对接的传播方式，使信息的传播更加广泛、快速、深入。

在全媒体的概念中，还蕴含着媒体融合、媒介融合、内容融合、渠道融合等多个层面的融合。这些融合不仅促进了传媒行业的创新和发展，也为用户提供了更加丰富、多元、便捷的信息服务。

第二节　全媒体相关技术

全媒体时代的到来得益于一系列高新技术的飞速发展。这些技术为全媒体提供了强大的技术支持和保障，使得全媒体能够实现信息的海量存储、高速传输、智能处理和多渠道发布。全媒体相关技术是一个综合性极高的技术体系，它涵盖了多个领域的技术，共同支持着全媒体的信息传播和用户体验。

一、互联网技术

互联网技术的持续进步与移动互联网的广泛渗透，为全媒体构建了一个广阔且便捷的传播网络体系。其中，5G、第六代无线网络技术（Wi-Fi6）等尖端高速网络技术的引入，不仅实现了高清视频、直播等大容量数据的即时传输，更极大地丰富了全媒体的信息展现形式，并显著提升了用户的体验流畅度。互联网技术的迅猛发展极大地推动了全媒体时代的到来。同时，万维网（Web）技术作为构建网络世界的基石，其重要性不言而喻。超文本标记语言（HTML）、层叠式样表（CSS）、动态编程语言（JavaScript）等技术的综合运用，不仅让全媒体内容得以在各类浏览器和终端上呈现得丰富多彩，还极大地提升了网页的交互性和用户友好度。

（一）高速网络技术

高速网络技术，尤其是5G和Wi-Fi6，显著提升了网络传输速度和稳定性。这些技术具有以下几个特点。

①高速度：5G网络的速度比4G快很多，Wi-Fi6也大幅提升了无线网络的

传输速率。这种高速度使得传输大容量数据（如高清视频和直播内容）变得更加迅速和高效。

②低延迟：5G 和 Wi-Fi6 的延迟极低，这意味着数据几乎可以实时传输，非常适合直播和即时互动应用。

③大容量：这些技术可以同时处理大量设备的连接，支持高并发访问，使更多用户可以同时享受高质量的全媒体内容。

（二）Web 技术

Web 技术，包括 HTML、CSS、JavaScript 等，是全媒体内容展示的基础。这些技术的作用体现为以下几点。

①跨平台兼容性：HTML、CSS 和 JavaScript 是构建网页和 Web 应用的标准技术，它们可以使内容在不同浏览器和终端上展示得更加一致，无论是台式计算机、便携式计算机，还是智能手机。

②交互性：JavaScript 等脚本语言使得网页能够实现复杂的交互功能，如动态加载内容、表单验证、动画效果等，提升了用户体验感。

③可访问性：在遵循 Web 标准的基础上，开发者可以创建对搜索引擎友好且支持所有用户（包括残障用户）访问的内容。

（三）服务器与云计算技术

服务器与云计算技术为全媒体提供了强大的后端支持，主要体现为以下几点。

①计算和存储能力：云计算平台提供了广泛的计算资源和强大的存储能力，支持大规模数据处理和存储需求。

②弹性扩展：云计算可以根据需求动态调整资源，确保在高访问量时系统依然稳定，同时降低成本。

③高可用性：云计算平台通常具有高容错能力和多种数据备份机制，确保全媒体服务的高可用性和数据的安全性。

二、大数据技术与人工智能技术

大数据技术与人工智能技术的融合为全媒体的内容生产、分发和效果评估提供了强大的支持。通过收集和分析用户的行为数据，全媒体可以更加精准地把握用户的偏好和需求，为用户提供个性化的信息推送和服务。同时，人工智能算法在内容推荐、自动编辑、智能审核等方面的应用，也极大地提高了信息传播的效率和质量。

（一）大数据技术

1. 数据采集与处理

通过各种途径（如社交媒体、新闻网站、用户行为日志等）收集数据，这些数据源为全媒体提供了丰富的信息基础。收集到的数据需要经过筛选、转换和存储，以确保数据的准确性和可用性。这一步骤是数据分析与挖掘的前提。

2. 数据分析与挖掘

运用统计学、机器学习等方法，从海量数据中提取有价值的信息和模式。这些方法和技术有助于全媒体更好地理解用户行为和内容需求。数据分析与挖掘的结果为全媒体的内容推荐、用户画像等提供决策支持，使内容更加精准地触达目标用户。

3. 数据可视化

将复杂的数据以直观、易懂的方式呈现出来，帮助用户更好地理解和分析数据。数据可视化不仅提升了数据的可读性，还增强了用户对数据的理解和信任。

（二）人工智能技术

1. 自然语言处理

自然语言处理（NLP）使得机器能够理解、解释和生成人类语言。在全媒体中，NLP 支持着文本分析、智能客服、语音交互等功能，改善了用户与媒体的互动体验。

2. 计算机视觉

计算机视觉让机器能够识别、理解和分析图像和视频内容，为全媒体提供图像搜索、视频分析等服务，丰富了媒体内容的呈现方式。

3. 推荐算法

推荐算法是指根据用户的兴趣和行为，通过算法为用户推荐个性化的内容和服务。推荐算法提高了用户满意度和黏性，促进了全媒体内容的传播和分享。

4. 自动化内容生成

自动化内容生成主要是指自动写作、自动配音等，这些技术可以辅助或替代人工完成部分内容创作工作。自动化内容生成提高了内容生成的效率和质量，降低了人力成本。

（三）大数据技术与人工智能技术的融合应用

1. 个性化信息推送

通过收集和分析用户的行为数据，全媒体可以更加精准地把握用户的偏好和需求，为用户提供个性化的信息推送和服务。这种个性化信息推送不仅提升了用户的阅读体验感，还增强了用户的黏性。

2. 智能内容推荐

基于用户的兴趣和行为数据，推荐算法可以为用户推荐最符合其需求的内容。这种智能内容推荐不仅提高了内容的曝光率，还促进了用户与媒体之间的互动。

3. 智能化、自动化内容生成

人工智能技术可以自动抓取和分析数据，生成部分创作内容。这种智能化、自动化内容生成不仅提高了内容生成的效率，还降低了人力成本。同时，借助大数据技术，智能化、自动化内容生成还可以根据用户的反馈和需求进行调整和优化，使内容更加符合用户的期望。

4. 智能审核与管理

人工智能技术还可以应用于内容的审核与管理中，通过智能审核系统可以自动识别和过滤不良信息，确保内容的合规性和安全性。同时，智能管理系统还可以对内容进行分类、标签化等操作，方便用户快速找到所需内容。

综上所述，大数据技术与人工智能技术的融合为全媒体带来了前所未有的机遇。通过充分利用这些技术，全媒体可以更加精准地把握用户需求，提高内容生产的效率和质量，推动媒体行业的创新和发展。

三、多媒体技术

多媒体技术涵盖了音频、视频和图像处理等多个方面，这些技术在全媒体中发挥着至关重要的作用。

（一）音频处理技术

音频处理技术是全媒体中不可或缺的一部分，它涉及音频录制、音频编辑、音频编码等多个环节。

1. 音频录制

音频录制是音频处理的起点，运用专业的录音设备或软件可以捕捉高质量的音频信号。

（1）音频录制的基本概念

音频录制是指通过专业的录音设备或软件，捕捉并保存声音信号的过程。它是音频处理的起点，为后续的音频编辑、编码等提供了原始素材。

（2）音频录制的设备

①麦克风：根据需求选择适合的麦克风，如动圈麦克风、电容麦克风或指向性麦克风等，质量好的麦克风，能够确保捕捉高质量的声音。

②麦克风支架：用于固定麦克风，保持录音过程中麦克风的稳定性。

③麦克风屏风或防喷罩：用于减少噪声和防止录音时的气流干扰。

④音频接口或音频记录器：音频接口是将麦克风信号转换为数字信号的设备，通常连接到计算机上进行录制；音频记录器是一种独立设备，可以直接录制和存储音频。

⑤音频监测和控制设备：包括耳机、监测音箱等，用于实时监测和控制录制的音频质量。

⑥音频线缆：用于连接麦克风、音频接口和其他设备的线缆，确保音频信号传输稳定。

（3）音频录制的软件

① Adobe Audition：一款专业的音频录制和编辑软件。

② Audacity：一款开放源代码且免费的音频录制和剪辑软件，适用于录制和处理音频。

此外，还有一些其他的优质音频录制软件，用户可以根据自己的需求和喜好进行选择。

（4）音频录制的注意事项

①录音环境：选择安静且大一点的房间，避免回音和杂音；关闭家用电器、空调和电话等可能产生噪声的设备；在地面上和空中交通稀疏时安排录音，避免急救车和飞机等的噪声干扰。

②录音准备：提前开嗓，放松声带，保持口腔湿度；在录音之前，检查设备是否正常工作，确保音频线缆连接稳定。

③录音操作：保持声源与设备的距离不变，避免声音忽大忽小；在录音时，尽量选用有线耳机，以获得更好的录音效果；根据录音的声音大小或场景需要，适当调整声源与麦克风的距离。

2. 音频编辑

在录制完成后，可以使用音频编辑技术对音频进行剪辑、拼接、淡入淡出等处理，以去除不必要的部分和增强音频的连贯性；还可以对音频的音量、音调、音色等进行调整，以达到理想的听觉效果。

（1）音频编辑的技术要点

①剪辑，即根据需求，剪除音频中不必要的部分，如噪声、冗余内容等。这有助于精简音频长度，提高内容质量。

②拼接，即将多个音频片段按照一定顺序进行拼接，形成一个完整的音频文件。在拼接时，需要确保各片段之间的过渡自然、流畅。

③淡入，即在音频开头部分逐渐增加音量，使音频从静音状态平滑过渡到正常音量。这有助于吸引听众的注意力，减少突兀感。

④淡出，即在音频结尾部分逐渐降低音量，使音频从正常音量平滑过渡到静音状态。这有助于给听众留下回味的空间，同时减少音频结束时的突兀感。

⑤音量调整，即根据音频的整体音量和动态范围，对音频的音量进行适当调整。这有助于确保音频在播放时保持稳定的音量水平，避免音量过大或过小导致听众不适。

⑥音调调整，即利用音频编辑设备改变音频的基频，以调整音频的音调。这可以用于改变声音的性别、年龄等特征，或修正录音中的音调问题。

⑦音色调整，即利用音频编辑设备调整音频的频谱特性，以改变音频的音色。这可以使音频更加符合特定的风格或需求。

（2）音频编辑的软件工具

① Adobe Audition：支持音频特效处理、音频修复等多种功能。

② Audacity：支持音频剪辑、拼接、淡入淡出等多种功能，并且拥有丰富的音频特效插件库，方便用户进行个性化处理。

此外，还有 Sound Forge、WaveCN、GoldWave 等单轨音频编辑软件，以及 samplitude 等多轨音频编辑软件，用户可以根据自己的需求进行选择。

（3）音频编辑的注意事项

①保持音频质量：在进行音频编辑时，要尽量避免对音频质量造成损害，如在剪辑时要确保剪辑点准确无误，避免产生噪声或失真。

②注重版权：在使用他人音频素材进行编辑时，要确保获得了合法的授权和许可，避免侵犯他人的版权。

③备份原始素材：在进行音频编辑之前，建议备份原始音频素材。这样，在编辑过程中如果出现问题或需要回溯到原始状态，就可以方便地使用原始素材进行操作。

3. 音频编码

使用编码技术可以将音频数据压缩成更小的文件，同时保持音频质量。常见的音频编码格式包括 MP3、AAC 等，这些格式在保持音质的同时，大大减小了文件所占空间，便于存储和传输。

音频编码的基本原理是去除声音信号中的冗余成分，包括人耳听觉范围外的音频信号及被掩蔽掉的音频信号等，这些冗余成分对于确定声音的音色、音调等信息没有帮助。音频编码通过去除这些冗余，可以在保证音质的同时，大大减小音频文件所占空间。

（1）常见的音频编码格式

MP3 是一种广泛使用的音频编码格式，它采用了有损压缩技术，能够在较小的文件内保留较多的音频细节。MP3 格式在较低的码率下可能会出现音质损失，如声音失真或高频部分的缺失；但由于其压缩率高，便于网络传输和存储，因此仍然非常受欢迎。

AAC 是一种高级音频编码格式，它提供了比 MP3 更好的音质表现。AAC 支持多声道和高采样率，从而提供更丰富、更清晰的音质。AAC 还具备更好的解码性能，能够在播放时更流畅，失真更少。与 MP3 相比，AAC 在音频压缩方面更为高效，能够在较小的文件内保留更多的音频细节。

（2）音频编码的其他格式

除了 MP3 和 AAC，还有许多其他常见的音频编码格式，如 FLAC、APE、WAV、Opus、WMA 等。这些格式各有特点，适用于不同的使用场景。

FLAC：无损压缩格式，压缩率低，但音质完全无损，适用于对音质要求较高的音乐等内容。

APE：无损压缩格式，压缩比高于其他常见的无损音频压缩格式，但编码、解码速度略慢。

WAV：微软开发的无损声音文件格式，支持多种压缩算法、音频位数、采样频率和声道，被微软研发的操作系统及其应用程序广泛支持。

Opus：完全开放源代码、免费的编码格式，有损压缩，但压缩率高，便于网络传输。

WMA：有损压缩格式，但在压缩比和音质方面都超过了 MP3。

（3）音频编码的选择与应用

在选择音频编码格式时，需要根据具体的使用场景和需求进行考虑。例如，如果需要在网络上传输音频文件，可以选择压缩率较高的 MP3 或 AAC 格式；如果需要保存无损音质的音频文件，可以选择 FLAC 或 WAV 格式。

另外，不同的编码格式在音质、压缩率、兼容性等方面也存在差异。因此，在选择时还需要综合考虑这些因素，以找到最适合自己需求的音频编码格式。

（二）视频处理技术

视频处理技术为全媒体提供了高质量的视频内容，它涉及视频录制、视频剪辑、特效制作、视频编码等多个方面。

1. 视频录制

使用专业的摄像机或录屏软件，可以捕捉高质量的视频信号。

2. 视频剪辑

使用视频剪辑技术可以对视频进行剪切、拼接、转场等处理，以去除冗余部分或提高视频的流畅度。

3. 特效制作

使用特效技术可以为视频添加各种视觉效果，如动画、滤镜、字幕等，以增强视频的吸引力和表现力。

4. 视频编码

使用视频编码技术可以将视频数据压缩成更小的文件，同时保持视频质量。常见的视频编码格式包括 H.264、H.265 等，这些格式在保持画质的同时，大大减小了文件占用空间。

（三）图像处理技术

图像处理技术是全媒体中图像内容制作和展示的关键，它涉及图像采集、图像编辑、图像优化等多个环节。

1. 图像采集

使用专业的相机或扫描设备，可以捕捉高质量的图像。

2. 图像编辑

使用图像编辑技术可以对图像进行裁剪、旋转、缩放等处理，以调整图像的构图和大小；还可以对图像的色彩、亮度、对比度等进行调整，以增强图像的视觉效果。

3. 图像优化

使用图像优化技术可以去除图像中的噪点、瑕疵等，使图像更加清晰、细腻；

还可以对图像进行锐化、柔化等处理，以增强图像的细节和层次感。

综上所述，多媒体技术在全媒体中发挥着至关重要的作用。通过音频、视频和图像处理技术的综合运用，全媒体可以为用户提供更加丰富、生动、高质量的内容体验。

四、物联网技术

物联网技术作为当今信息化时代的重要组成部分，其关键技术和应用广泛影响着各个行业，尤其是在全媒体领域中展现出了巨大的潜力和价值。物联网技术的设备连接与通信技术和传感器技术在全媒体领域中发挥着重要作用，它们为全媒体平台提供了更加丰富的信息来源和交互方式，推动了全媒体行业的创新和发展。

（一）设备连接与通信技术

设备连接与通信技术是物联网技术的核心，它实现了各种智能设备之间的互联互通。这种技术允许设备之间通过有线或无线的方式进行数据传输和通信，从而形成一个庞大的设备网络。在这个网络中，每个设备都可以作为信息的发送者或接收者，实现信息的实时共享和交互。

在全媒体领域中，设备连接与通信技术为内容的创作、分发和交互提供了更加丰富的信息来源和交互方式。例如，通过智能设备之间的互联互通，全媒体平台可以实时获取来自不同设备的数据和信息，如用户的浏览习惯、喜好、位置等，从而为用户提供更加个性化和精准的内容推荐和服务。同时，这种技术也支持多种设备的无缝接入和交互，如智能手机、便携式计算机、智能电视等，实现了跨平台的信息共享和互动。

（二）传感器技术

传感器技术是物联网的基石，是一种能够监测和收集环境、人体等各种数据的技术。通过不同类型的传感器，如温度传感器、湿度传感器、压力传感器、人体传感器等，技术人员可以实时监测和采集各种物理量、化学量或生物量等信息，并将这些信息转换为可识别和可处理的数字信号。

在全媒体领域中，传感器技术为内容创作和用户体验提供了新的可能。例如，环境传感器可以实时监测环境变化，为全媒体平台提供实时的空气质量等信息，从而为用户推荐相关的内容或服务。又如，人体传感器可以监测用户的生理指标和行为习惯，如心率、步数、睡眠质量等，为用户提供个性化的健康建议和内容推荐。

五、区块链技术

区块链技术是近年来备受关注的新兴技术，其独特的去中心化存储与传输和智能合约等特性为众多领域带来了革命性的变革，全媒体领域也不例外。区块链技术为全媒体平台提供了更加安全、高效和智能化的解决方案，推动了全媒体行业的创新和发展。

（一）去中心化存储与传输

去中心化存储与传输是区块链技术的核心特性之一。它打破了传统数据存储和传输的中心化模式，将数据分散存储在网络的多个节点上，每个节点都有完整的数据副本。这种分布式存储方式不仅提高了数据的冗余度和容错性，还增强了数据的安全性和可信度。因为数据不再依赖于单一的中心节点，所以即使部分节点发生故障或被攻击，数据仍然能够保持完整和安全。

在全媒体领域，去中心化存储与传输为内容版权保护和数据共享提供了新的解决方案。通过区块链技术，全媒体平台可以将内容数据分布式存储在多个节点上，确保数据的不可篡改性和可追溯性。这样，内容的创作者和版权所有者就可以更好地保护自己的权益，防止内容被非法复制或篡改。同时，这种分布式存储方式也促进了数据的高效共享和流通，使得全媒体平台能够更方便地获取和利用各种数据资源，为用户提供更加丰富和个性化的内容服务。

（二）智能合约

智能合约是区块链技术的另一个重要特性。它是一种自动执行的合约条款，可以在满足特定条件时自动触发并执行相应的操作。智能合约通过代码实现了合约的自动化和智能化，降低了交易成本和风险，提高了交易的效率和透明度。

在全媒体领域中，智能合约可以为内容分发、广告投放等提供便利。通过智能合约，全媒体平台可以自动执行内容分发的规则和条件，确保内容的准确和及时分发。例如，当某个内容达到一定的观看量或点赞量时，智能合约可以自动触发并将该内容推送给更多的用户。同时，智能合约还可以用于广告投放的自动化管理，根据广告主的投放要求和用户的兴趣偏好，自动匹配最合适的广告内容和投放时间，提高广告的投放效果和用户体验感。

六、VR 技术、AR 技术与 MR 技术

虚拟现实（VR）、增强现实（AR）与混合现实（MR）技术是近年来快速发展起来的新兴技术，它们在全媒体领域中展现了巨大的潜力和价值，为用户带

来了前所未有的沉浸式和交互式体验。

（一）VR 技术

VR 技术通过模拟真实环境，为用户创造出一个完全沉浸式的虚拟世界。用户佩戴 VR 设备后，仿佛置身于一个真实的环境中，与虚拟世界进行互动。这种技术通过高精度的头部追踪、手部追踪及声音识别等技术，实现了用户与虚拟世界的深度交互。

在全媒体领域中，VR 技术为虚拟旅游、虚拟购物等场景提供了强有力的支持。用户可以通过 VR 设备，身临其境地游览远在天边的风景名胜，体验不同的风土人情；或者在虚拟的购物环境中，浏览各种商品，“试穿”服装，享受更加真实和便捷的购物体验。此外，VR 技术还可以应用于教育、医疗等多个领域，为用户提供更加丰富的内容和多样化的服务。

（二）AR 技术

AR 技术将虚拟元素叠加在现实世界中，通过智能设备（如智能手机、便携式计算机或 AR 眼镜）的显示屏呈现给用户。这种技术可以在不改变现实世界的情况下，为用户提供更加丰富的信息和交互体验。AR 技术通过图像识别、位置感知等技术，实现了虚拟元素与现实世界的精准对齐和互动。

在全媒体领域中，AR 技术为新闻报道、广告营销、娱乐互动等提供了新的可能。例如，在新闻报道中，可以利用 AR 技术将图表、数据或虚拟场景叠加在真实的新闻现场，为用户提供更加直观和生动的报道内容；在广告营销中，可以使用 AR 技术创建互动式的广告内容，吸引用户的注意力并提升广告效果；在娱乐互动中，可以应用 AR 游戏和滤镜等为用户带来更加有趣和个性化的体验。

（三）MR 技术

MR 技术融合了 VR 和 AR 的特点，将虚拟世界和现实世界更加紧密地结合在一起。MR 技术不仅可以在现实世界中叠加虚拟元素，还可以让用户与这些虚拟元素进行自然的交互，并且对这些虚拟元素进行操作。这种技术通过深度传感器、先进的图像处理算法等技术，实现了虚拟元素与现实世界的无缝融合和实时互动。

在全媒体领域中，MR 技术为用户提供了更加自然、真实的混合现实体验。例如，在远程协作中，MR 技术可以创建虚拟的会议室或工作空间，让身处不同地点的用户像在同一空间内一样进行交流和合作；在教育领域中，MR 技术可以创建虚拟的实验室或教学场景，让学生能够更加直观地理解和掌握知识；在娱乐领域中，MR 游戏为用户带来更加震撼的感受和沉浸式的体验。

七、其他相关技术

除上述提及的各种技术外，移动应用开发技术、网络安全技术及用户界面与用户体验设计也是全媒体技术支撑体系中不可或缺的部分。随着技术的不断进步和创新，全媒体的应用场景和用户体验也将不断拓展和改善。

（一）移动应用开发技术

移动应用开发技术主要涉及 iOS、安卓（Android）、Harmony OS 等主流移动操作系统的应用开发。这些技术使全媒体内容和服务能够在智能手机、便携式计算机等移动终端上得到广泛应用和便捷访问。移动应用开发技术不仅关注应用的功能和性能，还注重与设备硬件、操作系统的优化整合，以提供流畅、高效的用户体验。

在全媒体领域中，移动应用开发技术使得用户能够随时随地访问和享受全媒体内容和服务。通过移动应用，用户可以方便地浏览新闻、观看视频、听音乐、进行社交互动等。此外，移动应用还可以利用设备的定位、传感器等功能，为用户提供更加个性化、情境化的全媒体体验。

（二）网络安全技术

网络安全技术旨在保护全媒体系统免受各种网络攻击的威胁并避免数据泄露，以保护用户数据安全和隐私。这些技术包括加密技术、防火墙技术、入侵检测技术、安全审计技术等，它们共同构成了一个多层次、全方位的安全防护体系。

在全媒体领域中，网络安全技术对于保护用户数据、维护系统稳定至关重要。使用加密技术，可以确保用户数据在传输和存储过程中的安全性；使用防火墙和入侵检测技术，可以及时发现并阻止恶意攻击；使用安全审计技术，可以定期对系统进行安全检查和漏洞修复。这些技术的应用有效提升了全媒体系统的安全性和可信度，为用户提供了更加安全、可靠的服务环境。

（三）用户界面与用户体验设计

用户界面与用户体验设计关注如何提升全媒体产品的易用性和吸引力，以提高用户满意度和忠诚度。用户界面设计侧重于产品界面的视觉呈现和易用性；而用户体验设计主要关注用户在使用产品过程中的整体体验和感受，包括交互流程、信息架构、功能布局等方面。

在全媒体领域中，优秀的用户界面与用户体验设计对于吸引用户、提升用户体验感至关重要。合理的交互流程和信息架构可以使用户更加轻松地找到所需内容和服务；美观的界面设计和视觉呈现可以提升用户对产品的第一印象和整体感受。此外，用户界面与用户体验设计还可以结合用户行为数据和分析结果，进行持续优化和改进，以不断满足用户的需求和期望。

移动应用开发技术、网络安全技术及用户界面与用户体验设计在全媒体技术支撑体系中发挥着重要作用。它们相互交织、相互促进，共同推动了全媒体行业的发展和创新。技术的不断进步和创新将为用户带来更加丰富、便捷、安全、愉悦的全媒体体验。

第三节　全媒体时代的特征

全媒体时代，信息传播呈现出诸多新的特征，这些特征不仅改变了信息的传播方式，也深刻影响了人们的生活方式和思维方式。

一、信息的海量性与碎片化并存

全媒体时代，信息的来源和种类空前丰富。社交媒体、新闻网站等渠道每天产生着海量的信息，使用户面临的信息选择空前多样。然而，由于注意力资源的有限性，用户往往只能关注到其中的一小部分信息。因此，信息呈现出碎片化的特点，即信息以短小的片段形式出现，用户通过快速浏览和跳跃式阅读来获取信息。

（一）信息的海量化

在当下这个全媒体时代，身处于一个信息爆炸的纪元。信息的来源和种类变得前所未有的广泛与多元，仿佛一个无边无际的海洋，波澜壮阔、深不可测。互联网作为信息的主要载体，在不断地产生、传播和共享着信息。社交媒体平台，如微博、微信、抖音等，成为人们分享生活、交流思想的重要场所，每一天都有数以亿计的信息在这里被创造和分享；而新闻网站，无论是传统的门户网站还是新兴的自媒体平台，都在争分夺秒地更新着全球各地的最新资讯，确保用户能够第一时间获取所需的信息。

（二）注意力资源的有限性

尽管信息的海洋如此浩瀚，但每个人的注意力资源却是有限的。面对如此巨量的信息，用户往往感到力不从心，无法一一浏览和消化。这种注意力资源的稀缺性使得用户在选择信息时不得不进行取舍，只能关注到其中的一小部分信息。这种取舍可能是基于个人的兴趣爱好、工作需求，也可能是基于信息的热度、推荐算法等因素。

（三）信息的碎片化

由于注意力资源的有限性，信息为了迎合用户的需求，逐渐呈现出碎片化的特点。信息以短小的片段形式出现，如微博的短文字、抖音的短视频等，都使得信息变得易于消化和快速传播。用户不再需要花费大量的时间和精力去阅读长篇大论，而是可以通过快速浏览和跳跃式阅读来获取信息，这种阅读方式更加符合现代人快节奏的生活方式和碎片化的时间利用。

（四）碎片化信息的影响

信息的碎片化虽然带来了便捷，但也带来了一系列的问题。碎片化的信息往往缺乏深度和全面性，可能导致用户对某一事件或话题的理解片面化。同时，碎片化信息中的虚假信息和误导性信息也更容易传播，给用户带来困扰。因此，在享受碎片化信息带来的便捷时，用户也需要提高警惕，学会辨别信息的真伪和重要性，避免被误导。

综上所述，全媒体时代信息的海量化与碎片化并存是一个不可忽视的现象。用户需要从海量信息中筛选出真实的、有价值的信息，并学会有效地利用碎片化时间进行阅读和学习。同时，媒体和平台也需要承担起社会责任，提供准确、真实、有价值的信息，并引导用户进行深度阅读和思考。

二、交互性与参与性显著增强

在全媒体环境下，用户不再只是被动地接收信息，而是可以实时参与信息的评论、转发和创作。这种交互性和参与性使信息的传播变得更加动态。用户可以通过社交媒体平台发表自己的观点和看法，与其他用户进行交流和互动。这种双向乃至多向的交流模式极大地提升了信息的传播效果和影响力。

（一）用户角色的转变

在全媒体环境下，传统的信息传播模式发生了颠覆性的变化。用户不再仅仅是被动的信息接收者，他们现在能够主动地参与到信息的传播过程中。这种角色的转变使得用户在信息传播中的地位和作用得到了极大的提升。他们可以通过各种平台实时地评论、转发和创作信息，成为信息传播的重要推动力量。

（二）交互性的提升

全媒体环境为用户提供了丰富的交互手段。在社交媒体平台上，用户可以轻松地发表自己的观点和看法，并即时得到其他用户的反馈和回应。这种实时交互的特点，使得信息的传播变得更加动态和灵活。用户可以根据其他用户的反馈及时调整自己的观点，或者通过进一步的交流来深化对某一问题的理解。

（三）参与性的增强

除交互性外，全媒体环境还极大地增强了用户的参与性。用户不再只是旁观者，而是可以积极参与到信息的创作和传播中。他们可以通过创作原创内容、分享自己的经验和见解，为信息传播贡献自己的力量。这种参与性的增强不仅丰富了信息的内容和形式，还使信息的传播更加贴近用户的需求和兴趣。

（四）传播效果的提升

交互性和参与性的显著增强，极大地提升了信息的传播效果和影响力。一方面，用户的参与和反馈为信息传播提供了更多的动力和可能，使信息能够更快速、更广泛地传播开来。另一方面，用户的交互和参与也使得信息传播更加精准和有效。通过与其他用户的交流和互动，用户可以更准确地理解信息的内涵和价值，从而做出更明智的决策和行动。

（五）对社会的影响

在全媒体环境下，交互性和参与性的增强对社会产生了深远的影响。它促进了信息的公开和透明，增强了社会的监督和问责意识。用户可以通过各种平台揭露社会问题、监督政府行为、维护公共利益，从而推动社会的进步和发展。同时，这种交互性和参与性也促进了文化的多样性和创新，为用户提供了更广阔的文化空间和更丰富的文化体验。

综上所述，全媒体环境下交互性与参与性的显著增强，是信息传播领域的一次重要变革。它不仅改变了用户在信息传播中的地位和作用，还提升了信息的传播效果和影响力，对社会产生了深远的影响。

三、个性化与定制化成为主流

借助大数据和人工智能技术，全媒体平台能够精准捕捉用户的兴趣点和需求，为用户提供个性化的信息推送和服务。这种定制化的信息传播方式不仅提高了用户的满意度和忠诚度，也为媒体机构带来了更多的商业机会。通过精准营销和广告投放，媒体机构可以实现更高效的商业转化和盈利。

（一）技术驱动下的个性化服务

全媒体时代，大数据和人工智能技术的迅猛发展为信息传播带来了革命性的变化。这些技术使得全媒体平台能够精准地捕捉和分析用户的兴趣点、行为习惯及潜在需求。通过对用户数据的深度挖掘和智能分析，全媒体平台能够构建用户画像，从而为用户提供更加精准、个性化的信息推送和服务。

（二）个性化信息推送的实现

借助大数据和人工智能技术，全媒体平台能够根据用户的兴趣和需求，智能地筛选和推送相关信息。例如，新闻网站可以根据用户的浏览历史和点击行为，为用户推荐相关的新闻报道和专题文章；社交媒体平台可以根据用户的关注列表和互动情况，为用户推送感兴趣的内容和话题。这种个性化的信息推送方式不仅提高了用户获取信息的效率，还改善了用户的阅读体验。

（三）定制化服务提升用户满意度

个性化的信息推送和服务使用户能够更加方便地获取自己感兴趣的内容，从而提高了用户的满意度和忠诚度。用户不再需要花费大量的时间和精力去筛选和过滤信息，而是可以直接获取符合自己需求的定制化内容。这种便捷的服务方式让用户对全媒体平台产生了更高的依赖性和黏性。

（四）商业机会的拓展

个性化与定制化的信息传播方式不仅提升了用户体验感，还为媒体机构带来了更多的商业机会。通过精准营销和广告投放，媒体机构可以根据用户的兴趣和需求，为用户推送相关的推广信息和广告。这种定向的广告投放方式不仅提高了广告的曝光率和点击率，还实现了更高效的商业转化和盈利。同时，媒体机构还可以通过提供定制化的服务，如会员服务、付费阅读等，进一步拓展其盈利渠道。

（五）对信息传播的影响

个性化与定制化的信息传播方式对信息传播产生了深远的影响。它使信息传播更加精准和高效，提高了信息的到达率和影响力。同时，它也促进了媒体机构的创新和发展，推动了全媒体行业的进步和繁荣。然而，个性化服务也给隐私保护和数据安全等方面带来了隐患，需要媒体机构和相关部门加强保护和监管措施，确保用户的合法权益不受侵犯。

综上所述，个性化与定制化已成为全媒体时代的主流趋势。借助大数据和人工智能技术，全媒体平台能够为用户提供更加精准、个性化的信息推送和服务，提高了用户的满意度和忠诚度，也为媒体机构带来了更多的商业机会。然而，在享受个性化服务带来的便利时，人们也需要关注隐私保护和数据安全等，确保信息得到合法使用和保护。

四、多种媒介形态融合与跨平台传播

全媒体时代，不同的媒介形态和平台之间的界限变得模糊。文字、图像、音频、视频等多种媒介形态可以相互融合，形成更加丰富的信息传播形式。同时，信息也可以在不同的平台之间自由流转和共享，使得信息的传播更加广泛和深入。多种媒介形态融合与跨平台传播的特性使得全媒体能够更好地满足用户多样化的信息需求。

（一）多种媒介形态融合

全媒体时代，传统的媒介形态界限被打破，文字、图像、音频、视频等多种媒介形态开始相互融合，共同构建起一个多元化的信息传播体系。这种融合不仅体现在单一媒介内部的多元素整合，如一篇新闻报道中可能同时包含文字、图片、视频和音频等多种元素，更体现在不同媒介形态之间的跨界合作与互动。例如，新闻网站可能通过嵌入社交媒体平台的直播视频来增强报道的实时性和互动性，而社交媒体平台也可能通过引用新闻报道的文字和图片来丰富其内容。

（二）跨平台传播的实现

随着技术的不断进步，信息在不同的平台之间自由流转和共享变得日益便捷。用户可以在一个平台上创作内容，并轻松地将其分享到其他平台，实现信息的跨平台传播。这种传播方式不仅扩大了信息的覆盖面和影响力，还使得信息能够更加精准地触达目标受众。同时，全媒体平台也通过技术手段实现了内容的自动适配和优化，确保信息在不同设备和平台上都能产生最佳的呈现效果。

（三）满足用户多样化的信息需求

多种媒介形态融合与跨平台传播的特性使得全媒体能够更好地满足用户多样化的信息需求。用户可以根据自己的喜好和习惯，选择最适合自己的媒介形态和平台来获取信息。例如，年轻用户可能更倾向于通过社交媒体平台来获取资讯和娱乐内容，而中老年用户则可能更偏向于通过传统的新闻网站或电视节目来了解时事动态。全媒体平台通过提供多样化的信息传播方式，能够更好地满足不同用户群体的需求，提升用户体验感和满意度。

（四）促进媒体行业的创新与发展

多种媒介形态融合与跨平台传播促进了媒体行业的创新与发展。媒体机构需要不断探索新的传播方式和业务模式，以适应全媒体时代的发展需求。例如，一些媒体机构开始通过直播带货、短视频创作等方式来拓展其业务范围和盈利渠道；同时，也有一些媒体机构开始与其他行业进行跨界合作，共同开发更具创新性和实用性的信息传播产品和服务。

（五）面临的挑战与应对

多种媒介形态融合与跨平台传播也为版权保护、内容监管、用户隐私等带来了一些挑战。相关部门需要加强监管，制定更加完善的法律法规和政策措施来保障各方权益；同时，媒体机构需要加强技术研发和创新，提升信息传播的安全性和可靠性。

综上所述，多种媒介形态融合与跨平台传播是全媒体时代的重要特征之一。它使得信息传播更加广泛和深入，能够更好地满足用户多样化的信息需求；同时，也促进了媒体行业的创新与发展。然而，在享受这种传播方式带来便利的同时，也应关注其带来的挑战和问题，并积极寻求解决方案以应对这些挑战。

五、信息真实性与隐私保护面临挑战

全媒体时代，信息的传播速度加快、范围扩大，但同时也使信息真实性与隐私保护面临挑战。全媒体时代，虚假信息往往能够迅速扩散，对社会造成不良影响。因此，如何确保信息的真实性和准确性成为全媒体时代亟待解决的问题。同时，随着用户数据的不断收集和存储，如何保护用户的隐私也成了一个重要的议题。全媒体平台需要在保障信息传播效率的同时，加强信息真实性的审核和隐私保护措施的建设。

（一）信息真实性面临挑战

全媒体时代，信息的传播速度和范围都达到了前所未有的水平。然而，这种快速和广泛的传播也为信息真实性带来了挑战。在社交媒体等平台上，虚假信息可能通过用户的分享和转发而迅速传播开来。这些虚假信息不仅可能误导公众，还可能对社会造成不良影响。

为了确保信息的真实性和准确性，全媒体平台需要采取一系列措施。首先，加强对信息来源的审核，确保信息的可靠性和权威性。其次，建立完善的信息核实机制，对疑似虚假信息进行及时核查和辟谣。最后，还可以通过技术手段，如人工智能识别算法等，来提高对虚假信息的识别和过滤能力。

（二）隐私保护面临挑战

随着全媒体时代的到来，用户数据的收集和存储变得越来越普遍。然而，这种数据的收集和存储也为隐私保护带来了挑战。用户的浏览习惯、兴趣爱好等个人信息都被全媒体平台记录和分析，一旦这些数据被泄露或滥用，将对用户的隐私造成严重侵犯。

为了保护用户的隐私，全媒体平台需要采取严格的隐私保护措施。首先，建立完善的用户数据保护制度，明确数据的收集、使用和保护规范。其次，加强对用户数据的加密和存储安全，防止数据被非法获取和篡改。最后，还需要对用户进行隐私保护教育，增强和提升用户的隐私保护意识和能力。

（三）平衡信息传播效率与信息真实性、隐私保护

全媒体时代，信息传播效率与信息真实性、隐私保护之间存在着一定的矛盾。一方面，为了提高信息传播效率，平台需要快速地处理和传播信息；另一方面，为了确保信息的真实性和保护用户的隐私，平台又需要对信息进行严格的审核和采取保护措施。

为了平衡这一矛盾，全媒体平台需要采取综合措施。首先，建立高效的信息审核机制，确保信息在传播前经过必要的核实和过滤。其次，采用先进的隐私保护技术，如差分隐私、联邦学习等，以保障用户数据安全和保护用户隐私。最后，还可以借助用户反馈和举报机制来及时发现和处理虚假信息和隐私泄露问题。

（四）法律法规与政策支持

除平台自身的努力外，还需要法律法规和政策支持来保障信息真实性和隐私保护。政府应制定和完善相关法律法规，明确全媒体平台在信息传播和隐私保护方面的责任和义务。同时，加大对违法行为的打击力度，提高违法成本，从而有效遏制虚假信息传播和隐私侵犯行为。

综上所述，信息真实性与隐私保护在全媒体时代面临着一定挑战。为了确保信息的真实性和保护用户的隐私，全媒体平台需要采取一系列措施来加强信息审核、隐私保护和技术支持。同时，政府也需要制定和完善相关法律法规和政策来保障信息真实性和保护用户隐私。

六、智能化与自动化趋势明显

随着人工智能技术的不断发展，全媒体在内容生产、内容分发和效果评估等方面呈现了智能化和自动化的趋势。通过智能化的算法和模型，全媒体可以自动完成信息的筛选、分类、推荐等工作，提高信息传播的效率和准确性。同时，自动化技术也在全媒体的内容创作与编辑和流程优化等方面得到了广泛应用，降低了人力成本和时间成本。

（一）智能化技术的应用

1. 内容生产

利用NLP和生成式人工智能技术，全媒体平台可以自动生成新闻报道、文章，甚至短视频脚本。例如，某些新闻网站使用人工智能文章生成器来撰写体育赛事报道或财报分析，这些内容在数据驱动的基础上，能够快速生成并发布。

同时，人工智能自动校对工具可以自动进行文本校对、语法检查、风格优化等工作，提高内容的质量和可读性。

2. 内容分发

基于用户的兴趣、历史浏览行为和社交数据，智能算法可以精确地为每个用户推荐他们可能感兴趣的内容，提高用户黏性和满意度。

根据内容的实时表现（如点击率、分享次数等），智能算法可以自动调整推荐策略，优化内容分发效果。

3. 效果评估

人工智能可以实时收集和分析用户反馈数据，包括点击、评论、分享等数据，为内容创作者提供即时的效果反馈。

机器学习模型可以预测内容未来的传播效果，帮助媒体机构做出更明智的决策。

（二）自动化技术的应用

1. 内容创作与编辑

利用预设的模板和自动化工具，可以快速生成符合规范的内容页面，如新闻文章、博客帖子等。

根据内容类型和设备屏幕大小，自动化系统可以自动调整内容的布局和样式，确保在不同平台上都能获得良好的阅读体验。

2. 流程优化

工作流自动化工具可以自动化处理如内容审核、发布、归档等重复性任务，减少人工干预。

自动化系统可以支持多人协作编辑和审核内容，提高团队的工作效率和协同能力。

综上所述，智能化与自动化趋势正在深刻改变全媒体行业的面貌。媒体机构需要积极拥抱这些技术，同时关注其带来的挑战，以确保在数字化转型的浪潮中保持领先地位。

七、国际化与本土化并存

国际化指各国之间在经济、政治和文化等领域中的联系与互动不断加强，促进了文化的多样性和多元化发展。本土化指某国家或某地区在国际化进程中，通过保护并发扬本地特色、挖掘本土文化资源，以适应本地特定需求的过程，从而实现文化的多样性和独特性。

全媒体时代，信息传播确实已突破地域和语言的限制，使得全球信息交流变得前所未有的便捷。互联网和社交媒体的普及更是加速了这一进程，让用户能够轻松触及世界各地的资讯。然而，在这个过程中，也不能忽视文化差异和语言障碍所带来的挑战。

国际化与本土化在全媒体时代并非相互排斥，而是相辅相成的关系。国际化让信息得以快速传播，而本土化则确保这些信息能够与不同文化背景的用户产生共鸣。为了实现这一目标，全媒体需要深入了解各个国家和地区的文化特点、价值观念及用户需求。

在内容制作上，全媒体应该注重结合当地的文化元素和语境，制作出更符合当地用户口味的内容。这不仅可以提高信息的接受度，还能增强用户的归属感和认同感。同时，全媒体也应该积极寻求与本土媒体的合作，通过共享资源和经验，实现优势互补，共同提升信息传播的效果。

除了内容制作，全媒体在提供服务上也应该注重本土化。例如，根据当地用户的习惯和需求，提供定制化的服务界面、交互方式及支付方式等。这些细节上的优化虽然看似微不足道，但却能大幅提升用户体验感，从而赢得用户的信任。

此外，全媒体还应该关注语言障碍的问题。尽管机器翻译等技术已经取得了一定的进展，但在涉及深层次文化交流和理解的场合，人工翻译仍然具有不可替代的作用。因此，全媒体应该投入更多资源来培养专业的翻译团队，以确保信息的准确传达和文化的有效交流。

八、创新与变革成为常态

全媒体时代，创新和变革成为传媒行业的常态。随着技术的不断进步和用户需求的不断变化，全媒体需要不断地进行创新和变革以适应市场的发展和用户的需求。这种创新和变革不仅体现在技术层面上的升级和迭代，也体现在内容、形式、商业模式等多个层面上的创新和突破。只有不断地进行创新和变革，全媒体才能在激烈的市场竞争中立于不败之地。

（一）技术层面的创新与变革

1. 技术升级与迭代

①新兴技术的应用：人工智能、大数据、云计算、5G 通信等技术为全媒体提供了更强大的数据处理能力、更快速的传输速度和更智能的内容生成与分发方式。

②传统技术的优化：传统媒体在保持其优势的同时，通过技术革新提升其效率和效果，如数字化改造、高清化升级等。

2. 内容生产与传播方式的创新

①多种媒介形态融合：将文字、图片、视频、音频等多种媒介形态有机融合，创造更丰富、更生动的传播内容。

②交互式体验：利用 AR、VR 等技术，为用户提供沉浸式、互动式的阅读或观看体验。

③个性化推荐：基于用户行为数据，通过算法实现内容的个性化推荐，提高用户的满意度和黏性。

（二）内容层面的创新与变革

1. 内容多样化

全媒体不局限于单一的内容形式，而是涵盖了新闻、娱乐、教育、生活等多个领域，满足用户多样化的信息需求。它还鼓励用户生成内容和专业生成内容的多元化发展，丰富内容生态。

2. 内容质量提升

全媒体强调原创性和深度报道，提高内容的权威性和可信度。全媒体平台加强了对内容的审核和把关，确保信息的准确性和合法性。

（三）形式层面的创新与变革

1. 新媒体形式的探索

短视频、直播等新媒体形式的兴起，为全媒体提供了更多的传播渠道和表达方式。这些新形式以其便捷性、互动性和趣味性，吸引了大量年轻用户。

2. 传统媒体形式的创新

报纸、电视等传统媒体也在积极寻求与新媒体的融合，如通过二维码等技术实现线上线下互动。

（四）商业模式层面的创新与变革

1. 多元化盈利

除了传统的广告收入，全媒体还积极探索内容付费、知识付费、电商带货等多元化盈利模式。通过与电商、游戏、教育等行业的跨界合作，全媒体力求实现商业价值的最大化。

2. 精准营销

全媒体平台利用大数据和人工智能技术，对用户进行精准画像和定位，以实现广告的精准投放和个性化营销。

综上所述，全媒体时代带来了信息传播方式的深刻变革和人们生活方式的巨大变化。面对这些变化，全媒体应保持敏锐的洞察力和创新精神来适应未来的发展趋势和市场需求。同时，全媒体平台需要加强信息真实性的审核和隐私保护措施的建设来保障用户的权益。

第二章　高校思政教学现状剖析

本章为高校思政教学现状剖析，围绕高校思政教学模式现状、高校思政教学资源配置现状、高校思政教学师资队伍现状等三方面展开论述，旨在揭示当前高校思政教学中存在的问题与不足，为后续创新策略的制定提供实证依据。

第一节　高校思政教学模式现状

一、高校思政教学模式取得的成效

（一）传统教学模式与新型教学方式相结合

虽然传统教学模式在高校思政课中仍占有一定地位，但越来越多的教师开始尝试将传统教学模式与新型教学方式相结合，以激发学生的学习兴趣和主动性。这种教学模式既保留了传统教学模式的系统性，又融入了新型教学方式，从而提升了教学效果。

1. 传统教学模式的优势与不足

传统教学模式如讲授式教学，在高校思政课中仍占有重要地位。其优势在于能够系统地传授知识，确保学生掌握思政课的基本理论和知识点。然而，这种模式也存在不足，如过于注重知识的传授，而忽视了学生的主动性和创造性；教学方式单一，缺乏互动性和趣味性，容易导致学生失去学习兴趣。

2. 新型教学方式在思政课中的应用

为了弥补传统教学模式的不足，越来越多的教师开始尝试将新型教学方式融入思政课中。

（1）案例教学法

教师通过引入典型案例，引导学生进行讨论和分析，使学生加深对理论知识的理解。这种方法能够使学生将理论知识与实际问题相结合，增强分析问题和解决问题的能力。

（2）互动式教学法

教师通过营造多边互动的教学环境，增加师生之间的互动和交流，实现不同观点的碰撞和交融，从而提升了教学效果。这种教学方式能够激发学生的学习兴趣，提高他们的参与度，同时也有助于培养学生的团队合作精神和沟通能力。

（3）模拟教学法

教师在课堂中模拟现实生活中的情境，让学生模拟扮演某一角色并在模拟的情境中学习和体验。这种方法能够使学生更好地理解思政课的内容，对所学内容形成深度记忆，并能够将学到的知识和方法很好地运用于实践中。

3. 传统与创新的结合

将传统教学模式与新型教学方式相结合，可以充分发挥两者的优势，提高教学效果。

（1）保留传统教学模式的系统性

在传授基本知识时，仍采用讲授式教学模式，确保学生掌握思政课的基本理论和知识点。

（2）融入新型教学方式

在传授知识的同时，引入案例教学法、互动式教学法、模拟教学法等新型教学方式，激发学生的学习兴趣和主动性。

（3）注重学生的实践体验

教师通过组织实践活动、志愿服务等方式，让学生在实践中加深对思政课内容的理解，培养他们的实践能力和社会责任感。

将传统教学模式与新型教学方式相结合，不仅能够提高教学效果，还能够培养学生的创新精神和实践能力。未来，随着教育技术的不断发展，高校思政课可以进一步探索更加多元化的教学方式和方法，如利用虚拟现实、人工智能等先进技术，为学生提供更加丰富、生动的学习体验。同时，教师也需要不断更新教育理念和教学方法，以适应时代发展的需要和学生成长的需求。

综上所述，传统教学模式与新型教学方式相结合是高校思政课教学改革的重要方向。教师通过这种结合方式，可以激发学生的学习兴趣和主动性，增强他们的实践能力和社会责任感，为培养德智体美劳全面发展的社会主义建设者和接班人贡献力量。

（二）实践教学模式的广泛应用

实践教学模式在高校思政课中的应用十分广泛，它不仅是对传统课堂教学模式的有效补充，更是增强学生实践能力和社会责任感的重要途径。

1. 课内实践教学

课内实践教学是高校思政课实践教学的重要组成部分，它通过多种方式激发学生的学习兴趣，促进学生对理论知识的深入理解和应用。

（1）课堂讨论

课堂讨论是大多数高校思政课采用的较为常见的实践教学模式。它鼓励学生积极参与，就课程内容或相关话题进行交流和探讨。教师会精心挖掘与课程内容相关且贴近学生生活的讨论话题，如当前学生关注的生活热点等。通过引导学生围绕这些话题进行讨论，教师可以激发学生的学习兴趣，促进他们对理论知识的深入理解和应用。课堂讨论能够增强学生的口头表达能力和逻辑思维能力，同时也有助于培养学生的批判性思维和团队合作精神。

（2）问题讨论式教学

问题讨论式教学是在教师的指导下，学生积极、主动地发现问题，并运用已有的知识和经验寻求解决问题的方法的一种教学方式。教师首先提出问题或情境，然后引导学生进行分析和讨论，最后总结归纳出解决问题的方法或结论。这种教学方式能够培养学生的问题意识和解决问题的能力，同时也有助于提升他们的自主学习能力和创新思维。

2. 课外实践教学

课外实践教学作为课堂理论教学的延伸和拓展，鼓励学生走出课堂，接触社会实际，通过实践活动加深对所学知识的理解，并培养他们的社会责任感和实践能力。

（1）社会调查

教师通过组织学生进行社会调查，让他们了解社会现实和民生问题，使他们增强对社会的认知和理解。教师首先要指导学生选择调查主题、制订调查计划、确定调查方法，然后组织学生进行实地调查和数据收集。最后，学生可以撰写调查报告或展示调查成果，以加深对所学知识的理解和应用。

（2）志愿服务

志愿服务是一种重要的实践教学模式，它能够培养学生的社会责任感和奉献精神。教师可以与社区、公益组织等合作，组织学生参与志愿服务活动，如义务劳动、环保宣传、助老助残等。通过这些活动，学生可以亲身体验到为社会贡献自身力量的成就感，从而增强社会责任感和公民意识。

（3）参观访问

教师通过组织学生到历史文化遗址、博物馆、纪念馆等场所进行参观访问，让他们了解历史文化和国家发展成就，增强民族自豪感和文化自信。教师可以根据课程内容和学生兴趣选择参观地点，并制订详细的参观计划。在参观过程中，教师可以引导学生进行观察和思考，鼓励他们提出问题并分享自己的感受。

3. 实践教学模式的效果与评价

实践教学模式在高校思政课中的应用取得了显著的效果。通过实践，学生能够更加深入地理解理论知识，并将其应用于实际生活中。同时，实践教学也有助于培养学生的实践能力、社会责任感和创新精神。为了评价实践教学模式的效果，教师可以采用多种方式进行评价和反馈，如观察记录、学生自评、生生互评、教师评价等。通过这些评价方式，教师可以全面了解学生在实践教学中的表现和收获，为今后的教学提供有益的参考。

综上所述，实践教学模式在高校思政课中的应用具有重要的意义和价值。它不仅能够激发学生的学习兴趣和主动性，促进他们对理论知识的深入理解和应用，还能够培养他们的实践能力、社会责任感和创新精神。未来，高校应进一步加强实践教学模式的创新和应用，为培养德智体美劳全面发展的社会主义建设者和接班人贡献力量。

（三）“大思政课”教学模式的兴起

“大思政课”教学模式的兴起，是新时代背景下高校思政教学改革的重要成果，它标志着思政教学从传统的单一课堂教学向全员、全过程、全方位育人格局的转变。

1.“大思政课”教学模式的背景

随着社会的快速发展和国际化进程的加速，高校思政教学面临着新的挑战和机遇。传统的思政教学模式往往侧重于理论知识的传授，而忽视了在实践中进行思政教学。然而，在新时代背景下，高校思政教学需要更加注重学生的全面发展，培养学生的社会责任感、创新精神和实践能力。因此，“大思政课”教学模式应运而生，旨在通过多元化的教学方式，实现思政教学的全面覆盖和深入渗透。

2.“大思政课”教学模式的特征

（1）综合性

“大思政课”教学模式强调思政教学与专业教学、通识教学等有机融合，形成协同效应。它不再将思政教学局限于某一门课程或某一教学环节，而是将其贯穿于教学的全过程，实现思政教学与其他教学内容的相互渗透和相互促进。

（2）开放性

“大思政课”教学模式具有开放性和包容性。它不局限于课堂和教材，而是积极拓展教学渠道和载体，如社会实践、志愿服务、校园文化活动等，将思政教学延伸到学生的日常生活中。同时，它还注重吸收和利用社会资源，形成学校、家庭、社会三位一体的思政教学格局。

（3）自主性

“大思政课”教学模式强调学生的主体地位和自主性。它鼓励学生积极参与思政教学活动，通过自主学习、自我反思、自我实践等方式，提升思想政治素质和道德品质。在这一模式下，学生不再是被动接受思政教学的对象，而成为思政教学的主体和参与者。

3.“大思政课”教学模式的实践探索

（1）开设思政选修课程

高校通过开设丰富多样的思政选修课程，为学生提供更多的学习选择和思考空间。这些课程涵盖政治、经济、文化等多个领域，旨在帮助学生全面了解国家和社会的发展状况，增强他们的社会责任感和使命感。

（2）举办思政讲座

高校定期邀请专家学者、社会名人等举办思政讲座，为学生传授先进的思想理念和正确的价值观念。这些讲座不仅拓宽了学生的知识视野，还激发了他们的爱国情感和民族自豪感。

（3）开展思政实践活动

高校积极组织各种思政实践活动，如社会实践、志愿服务、红色旅游等，让学生在实践中感受思政教学的力量。这些活动不仅锻炼了学生的实践能力和团队合作能力，还深化了他们对思政教学的理解和认同。

4.“大思政课”教学模式的意义

（1）提升思政教学效果

“大思政课”教学模式通过多元化的教学方式，使思政教学更加贴近学生的实际生活，增强了思政教学的针对性和实效性。它有助于学生形成正确的世界观、人生观和价值观，提升他们的思想政治素质和道德品质。

（2）促进学生全面发展

“大思政课”教学模式注重学生的全面发展，通过多元化的教学方式和实践活动，培养了学生的创新精神、实践能力和社会责任感。它有助于学生在未来的职业生涯中更好地适应社会需求，实现个人价值和社会价值的统一。

（3）推动高校思政教学创新

“大思政课”教学模式的兴起推动了高校思政教学的创新和发展。它要求高校不断更新教育教学理念、改革教学方法、完善教育机制，以适应新时代背景下思政教学的需求和发展趋势。

综上所述，“大思政课”教学模式的兴起是新时代背景下高校思政教学改革的必然产物。它具有综合性、开放性和自主性等特征，通过多元化的教学方式实现了思政教学的全面覆盖和深入渗透。在实践中，“大思政课”教学模式取得了显著的效果，对于提升学生的思想政治素质、促进学生的全面发展，以及推动高校思政教学的创新都具有重要的意义。

（四）强调学生的主体性

在当前高校思政教学模式中，强调学生的主体性已成为一种重要的趋势。这种转变不仅体现了教育教学理念的更新，也符合新时代对人才培养的需求。

1. 强调学生主体性的背景

随着社会的快速发展和知识的不断更新，传统的教学模式已难以满足新时代人才培养的需求。在传统的教学模式中，教师往往是知识的权威和传授者，学生则处于被动接收知识的地位。然而，这种教学模式往往忽视了学生的个体差异和主动性，限制了学生的创新思维和批判性思维的发展。因此，强调学生的主体性，让学生成为教学过程的主体和参与者，已成为高校思政教学模式改革的重要方向。

2. 学生主体性在教学中的体现

（1）主动参与教学过程

在强调学生主体性的思政教学模式中，学生被鼓励积极参与教学过程，而不是被动地接收知识。学生可以通过课堂展示、案例分析等方式探索知识。这种参与式的学习方式有助于激发学生的学习兴趣和主动性，提升他们的学习效果。

（2）自主学习和探究

主体性还体现在学生的自主学习和探究方面。在思政教学中，教师可以引导学生通过查阅资料、进行社会调查等方式，自主探索思政知识，形成自己的见解和思考。这种自主学习和探究的方式有助于培养学生的独立思考能力和创新能力，使他们在未来的学习和工作中更加自信和自主。

（3）发表观点和见解

在强调学生主体性的思政教学模式中，学生被鼓励发表自己的观点和见解。教师可以通过组织课堂讨论、辩论赛等活动，为学生提供发表观点的平台和机会。这种开放式的讨论方式有助于培养学生的批判性思维和表达能力，使他们在交流中不断成长和进步。

3. 强调学生主体性的意义

（1）激发学生的学习兴趣和主动性

强调学生的主体性有助于激发学生的学习兴趣和主动性。当学生成为教学过程的主体时，他们会更加投入地学习，更加积极地探索知识。这种主动性较强的学习方式不仅有助于提高学生的学习效果，还能培养他们的学习兴趣和持续学习的能力。

（2）培养学生的创新思维和批判性思维

强调学生的主体性有助于培养学生的创新思维和批判性思维。当学生被鼓励发表自己的观点和见解时，他们会更加深入地思考和分析问题，形成独特的见解和思考方式。这种思考方式不仅有助于提高学生解决问题的能力，还能培养学生的创新思维和批判性思维。

（3）促进学生的全面发展

强调学生的主体性有助于促进学生的全面发展。当学生成为教学过程的主体时，他们会更加关注自己的学习过程和学习效果，更加积极地参与各种教学活动。这种参与式的学习方式不仅有助于提高学生的学术水平，还能培养他们的团队合作能力、沟通能力和领导能力等综合素质，从而促进学生的全面发展。

综上所述，强调学生的主体性是当前高校思政教学模式改革的重要方向。教师通过让学生成为教学过程的主体和参与者，可以激发学生的学习兴趣和主动性，培养他们的创新思维和批判性思维，促进学生的全面发展。在实际实施过程中，教师也需要不断探索和创新，以应对各种挑战，开展有效的教学。

（五）教学模式的多元化探索

除了上述几种教学模式，高校思政教学还在不断探索新的教学模式。例如，一些高校尝试采用翻转课堂、大型开放式网络课程（慕课）等新型教学模式，将线上教学与线下教学相结合，为学生提供更加灵活多样的学习方式。同时，还有一些高校注重将思政教学与其他学科进行融合，如将思政元素融入专业课程中，实现思政教学与专业教学的有机结合，以适应新时代学生的学习需求，并实现新时代人才培养的目标。

1. 翻转课堂的应用

翻转课堂是一种将传统课堂教学流程颠倒的教学模式。在翻转课堂中，学生首先通过线上资源（如视频、演示文稿等）进行自主学习，然后在课堂上与教师和同学进行深入的讨论和交流。这种教学模式的应用，使得思政教学更加灵活，使学生可以根据自己的时间和节奏进行学习，同时也有助于培养学生的自主学习能力和批判性思维。

2. 慕课的兴起

慕课是一种大规模在线开放课程，它具有开放性、大规模、在线学习等特点。在思政教学中，慕课的应用可以打破地域和时间的限制，让更多的学生享受到优质的思政教学资源。同时，慕课还可以提供互动平台，促进师生之间、生生之间的交流与合作，提高思政教学的互动性和实效性。

3. 线上线下相结合的教学模式

随着互联网技术的不断发展，线上线下相结合的教学模式已成为高校思政教学的一种重要趋势。这种教学模式将线上教学与线下教学相结合，既保留了传统课堂教学的优势，又发挥了线上教学的灵活性和便捷性。例如，教师可以通过线上平台进行课前预习、课后复习等教学活动，而在课堂上则更注重深入地讨论和实践操作，从而实现更加高效的教学。

4. 思政教学与专业教学的融合

思政教学与专业教学的融合是当前高校思政教学改革的重要方向之一。在这种模式下，教师将思政元素融入专业课程中，使学生在学习专业知识的同时，也能够接受思政教育。这种融合不仅可以增强思政教学的针对性和实效性，还可以促进学生的全面发展，培养他们的综合素质和能力。

多元化教学模式的探索和应用对于高校思政教学具有重要的意义。它不仅可以激发学生的学习兴趣和主动性，提高他们的学习效果和综合素质，还可以促进思政教学与时代发展紧密结合，增强思政教学的针对性和实效性。然而，多元化教学模式的探索和应用也面临着一些挑战，如教学资源的整合与共享、教师素质的提升、教学质量的评价等。因此，高校需要不断推进教学改革和创新，完善教学机制和制度，为多元化教学模式的实施提供有力的保障和支持。

综上所述，高校思政教学模式取得了显著成效，呈现出多元化和创新性的特点。在传统教学模式的基础上，实践教学模式得到了广泛应用，“大思政课”教学模式逐渐兴起，教学模式的多元化探索也在不断推进。这些变化有助于提高高校思政教学的实效性和针对性，促进学生的全面发展。

二、高校思政教学模式面临的挑战

（一）技术依赖与技术沉迷

随着数字技术的迅猛发展，高校思政课教学必须警惕技术依赖与技术沉迷所带来的潜在风险，以防止它们悄然改变思政课的本质与功能。

1. 技术主导超越价值引导

在数字技术的推动下，部分高校思政课教学出现了过度依赖技术的现象。教师可能更倾向于使用各种先进的数字工具和平台来展示教学内容，而忽视了思政课本身的价值引领功能。这种技术主导的教学方式，虽然能够带来形式上的创新和视觉上的冲击，但是可能使思政课的教学内容在数字场景中“缺位”，导致学生在享受技术带来的便利时，却未能真正理解和吸收思政课所传递的核心价值观。

技术崇拜的现象也时有发生。一些教师可能过于迷信技术的力量，认为只要使用了先进的技术手段，就能够提升思政课的教学效果。然而，这种观念忽视了思政课教学的本质——通过理论阐释和情感沟通来引导学生树立正确的世界观、人生观和价值观。如果忽视了这一点，即使技术再先进，也难以达到思政课的教学目的。

2. 技术泛滥扩大“阈限空间”

数字技术的广泛应用为学生提供了全新的信息获取方式，但同时也带来了信息过载和非主流文化、价值观的泛滥。在这个信息爆炸的时代，学生很容易接触各种各样的思想和观点，其中不乏与主流意识形态相悖的内容。这些内容可能会对学生的思想观念产生不良影响，使他们对思政课教学内容产生“免疫力”，甚至对主流意识形态产生怀疑和抵触情绪。

此外，数字技术的泛滥还扩大了学生的“阈限空间”。在这个空间里，学生可以自由地表达自己的观点和想法，但同时也容易受到网络舆论和群体压力的影响。如果思政课教学不能有效地引导学生在这个空间中进行正确的思考和判断，学生就有可能被错误的思想和观点误导，给思政课的主流意识形态传播带来分化、消解的潜在风险。

综上所述，技术依赖与技术沉迷是当前高校思政课教学面临的新挑战。为了应对这些挑战，高校应加强教学管理和评价，明确教学目的和价值引领功能，加强理论阐释和情感沟通，关注学生的信息获取方式和思想观念变化，并积极引导学生正确应对数字时代的挑战。

（二）教师主导权与话语权的弱化

随着数字技术的快速发展，教育领域也迎来了深刻的变革。在这一变革中，思政课教师的教学方式和角色定位正面临着前所未有的挑战。数字技术不仅革新了教育体系和教学关系，也在某种程度上弱化了思政课教师的主导权和话语权。

1. 教学方式的转变

在数字技术的推动下，学生获取知识和信息的渠道变得多样化。他们可以随时通过网络平台获取专业知识和信息，甚至利用生成式人工智能等新技术获得便捷的学习辅助。这些新技术和新应用如同“虚拟教师”，在一定程度上接替了思政课教师的部分教学活动。这种转变使得教师不再是知识的主要载体和权威，而更多地扮演着引导者和辅助者的角色。

然而，这种转变也带来了新的问题。当学生可以从多个渠道获取知识和信息时，他们可能会对教师传授的内容产生怀疑，甚至质疑教师的权威。这导致教师在课堂上的主导权和话语权受到挑战，难以像过去那样有效地引导学生思考和讨论。

2. “照本宣科”的困境

数字技术为教师提供了海量的教学资源，这无疑为教学带来了便利。然而，这种便利也容易导致教师陷入“照本宣科”的困境。个别教师可能过于依赖现成的数字化资源，而忽视了对教学内容的深度思考和加工。他们只是简单地将资源呈现给学生，而未能将其与思政课的核心理念和价值观相结合。

这种“照本宣科”的教学方式不仅无法激发学生的学习兴趣和主动性，还可能使他们对思政课产生厌倦和抵触情绪，更严重的是，它无法使学生真正亲其师，信其道，即与教师建立深厚的情感联系，并相信和接受教师所传授的价值观和理念。

3. 技术使用焦虑

对于大多数思政课教师而言，他们通常有文科类专业背景，对数字技术和平台的使用可能并不熟练。面对眼花缭乱的数字资源和平台，他们可能会感到无所适从，甚至产生“技术眩晕感”。这种技术使用焦虑不仅影响教师自身的教学效果，还可能阻碍他们向学生有效传播思想、传递价值和传承文化。

技术使用焦虑还可能导致教师在教学过程中过于保守或回避使用新技术，从而错失了利用数字技术提升教学效果的机会。这不仅会影响学生的学习体验，还可能使思政课的教学质量和效果大打折扣。

此外，高校和教育部门也应该对思政课教师加强数字技术培训，帮助他们更好地适应数字技术的发展。高校和教育部门可以通过组织培训、研讨会等活动，提升教师的数字素养和教学能力，使他们能够更好地应对数字技术带来的挑战，并更加有效地向学生传播思想、传递价值和传承文化。

（三）学生学习状态的反馈不直接

线上教学模式的兴起为教育带来了新的机遇，但同时也带来了一系列挑战。其中，学生学习状态的反馈不直接成为一个显著的问题。在线下传统课堂中，教师可以通过直接观察学生的表情、眼神及其他肢体语言来实时调整教学内容和进度。然而，在线上教学中，这种直接的反馈被大大削弱，给教师带来了不小的困扰。

1. 直接观察学生学习状态途径的缺乏

在线上教学模式下，教师和学生处于不同的空间，教师可以通过平台和软件来监测学生的出勤情况和学习进度，但这仅仅停留在数据层面。学生是否真正理解了讲授内容？他们是否对某个知识点感到困惑？这些都需要通过更直接的反馈来获取。然而，线上教学往往缺乏这种直接的观察途径，从而使教师难以准确把握学生的学习状态。

2. 反馈和眼神交流的缺失

在传统课堂中，学生的表情和眼神是教师判断其学习状态的重要依据。一个困惑的表情或迷茫的眼神都可能促使教师及时调整教学策略，以确保学生能够跟上教学进度。然而，在线上教学中，这种即时的表情反馈和眼神交流被屏幕阻隔，教师无法像在传统课堂上那样直接捕捉到这些信息。

3. 对学习内容和进度的把握难度增加

由于缺乏直接的反馈，教师在线上教学中往往难以准确把握讲授内容的深度和进度。他们可能无法及时了解到学生对某个知识点的掌握情况，也无法根据学生的反应来调整教学节奏。这可能导致部分学生因感到教学内容过于简单而失去兴趣，或者因为内容过于复杂而感到困惑和挫败。

综上所述，在线上教学模式下，教师应该积极探索和实践有效的反馈机制，以确保线上教学的质量和效果。

（四）混合式教学模式的融合问题

混合式教学模式的融合问题是当前高校思政教学领域需要重点关注和解决的议题。这种教学模式旨在结合线上教学的灵活性和线下教学的互动性，为学生提供更加高效、个性化的学习体验。然而，在实际操作中，确实存在一些挑战和问题。

1. 线上线下融合的挑战

如何将线上教学与线下教学有机融合，充分发挥各自优势，是首要挑战。这要求教师在教学设计上具备创新思维和实践能力，能够根据学生的需求和学科特点，灵活调整线上线下教学的比例和内容。

（1）技术整合难度

线上线下融合需要借助先进的技术平台和工具，但不同系统之间的兼容性和数据协调可能存在问题。此外，教师需要掌握一定的技术技能，以便能够熟练操作这些工具和平台，这对于部分教师来说可能构成一定的挑战。

（2）教学资源分配

在混合式教学模式下，如何合理分配教学资源，确保线上线下教学的质量和效果，也是一个需要解决的问题。这包括课程内容的规划、教学资源的制作与更新，以及学生学习成果的评价等方面。

2. 教学原则不明确的问题

教学原则不明确会对混合式教学效果产生负面影响。在实际教学中，如果没有清晰界定线下教学与线上教学的角色和定位，就容易出现线上线下教学彼此割裂的情况，这不仅无法发挥两者的互补优势，还可能破坏教学的连贯性和一致性，从而影响整体的教学效果。

（1）教学效果打折扣

当线上教学与线下教学缺乏明确的整合策略时，学生可能会感到教学内容重复或缺乏连贯性，导致学习兴趣和动力下降。同时，教师也可能因为缺乏统一的教学规划而难以评价学生的学习进度和效果。

（2）学习体验受损

线上教学与线下教学的割裂可能导致学生在不同教学环境中感到迷茫或不适。例如，线上教学可能缺乏面对面的互动和即时反馈，而线下教学则可能过于依赖传统的讲授方式，缺乏足够的灵活性和个性化。

没有明确的教学原则做指导，可能导致高校教学资源的重复建设或低效利用。例如，线上平台可能提供了丰富的学习资源，但如果这些资源与课堂教学内容脱节，就无法发挥其应有的作用。

（五）教学模式的创新与适应性挑战

随着社会的发展和学生需求的日益多样化，高校思政教学模式正面临着前所未有的创新与适应性挑战。因此，创新思政教学模式，以适应新的社会形势和学生需求，已成为高校思政教学改革的重要议题。

1. 创新挑战

（1）创新理念的缺乏

在思政教学模式的创新过程中，首要挑战在于创新理念的缺乏。个别教师可能仍坚守传统的教学理念，难以突破固有思维框架，从而限制了教学模式的创新。

（2）创新方法的不足

教学方法的创新是思政教学模式改革的关键。然而，目前一些思政课程在教学方法上仍显单一，缺乏多样性和灵活性，难以满足学生多样化的学习需求。

（3）创新资源的有限

创新思政教学模式需要充足的教育资源支持，包括教材、教学设备、网络平台等。然而，部分高校可能因资源有限而难以全面支持思政教学模式的创新。

2. 适应性挑战

（1）教师的适应性

新的思政教学模式要求教师具备更高的教学素养和创新能力。然而，部分教师可能因缺乏相关培训和实践经验而难以迅速适应新的教学模式，从而影响教学效果。

（2）学生的适应性

思政教学模式的创新也需要学生的积极参与和适应。然而，由于学生个体差异和学习习惯的不同，部分学生可能较难适应新教学模式，从而影响学习积极性和效果。

（3）教学模式的磨合

新的思政教学模式在实施初期，需要教师和学生共同进行磨合。在这一过程中，师生可能会遇到各种问题和挑战，需要双方共同努力，不断调整和优化教学模式，以达到最佳的教学效果。

综上所述，高校思政教学模式面临的挑战是多方面的，需要教师、学生、高校和社会各界共同努力去应对和解决。

第二节　高校思政教学资源配置现状

教学资源配置是指在学校教学过程中，对支持教与学的所有资源进行合理分配和有效利用的过程。这些资源包括一切可以被师生开发和在教与学中使用的物质、能量和信息。

高校思政教学资源配置作为保障思政课程教学质量的关键环节，其重要性和复杂性不容忽视。这些资源涵盖了多个方面，包括人力资源、物力资源、财力资源及信息资源等，它们共同构成了思政教学的基础。

一、高校思政教学人力资源配置现状

高校思政教学人力资源主要包括党政管理人员与教辅人员、教师群体等。

（一）党政管理人员与教辅人员现状

在高校思政课教学活动中，党政管理人员与教辅人员扮演着至关重要的角色。他们负责思政教学的组织、协调、管理等工作，是教学活动顺利进行的重要保障。

首先，党政管理人员与教辅人员在教学活动中发挥着组织作用。他们需要根据学院的教学计划和要求，制订详细的教学安排，确保思政课程能够按时、按质、按量地完成。同时，他们还需要协调各方资源，包括教师、教室、教材等，为教学活动的顺利开展提供有力保障。

其次，党政管理人员与教辅人员在思政教学中承担着协调职责。在教学活动过程中，难免会出现各种问题，如教师调课、学生请假、教学设备故障等。这时，党政管理人员与教辅人员需要迅速反应，及时协调解决，确保教学活动正常开展。他们的协调能力直接关系到教学活动的顺畅与否，也影响到学生的学习效果和体验。

最后，党政管理人员与教辅人员还是党的教育方针和政策的执行者和传播者。他们需要确保思政教学活动始终沿着正确的政治方向前进，引导学生树立正确的世界观、人生观和价值观。

综上所述，党政管理人员与教辅人员在高校思政课教学活动中发挥着不可或缺的作用。他们既是教学活动的组织者、协调者和管理者，又是党的教育方针和政策的执行者和传播者。他们的工作直接关系到教学活动的顺利进行和教学质量的高低，也影响到学生的成长和发展。因此，高校应该高度重视党政管理人员与教辅人员的选拔、培养和管理工作，努力打造一支高素质、专业化的队伍，为思政教学的顺利开展提供有力保障。

（二）教师群体现状

高校思政课教学的执行者——思政课教师肩负着重要的使命。他们不仅是知识的传授者，更是学生价值观的引导者和塑造者。面对大学生多样化和个性化的听课需求，思政课教师需要不断创新教学方法，以更加灵活多样的方式呈现教学内容，激发学生的学习兴趣和主动性。

人力资源在高校思政教学资源配置中占据着举足轻重的地位。思政课教师的专业素养、教学能力和学术水平直接关系思政课程的教学效果和价值实现。一位优秀的思政课教师不仅要有深厚的马克思主义理论功底，还要具备广博的知识、敏锐的思维和高超的教学技巧。这样才能在教学过程中游刃有余，引导学生深入思考、领悟真谛。

近年来，随着国家对思政教学的日益重视，高校在思政课教师的选拔、培养和引进方面确实加大了力度。高校通过提高选拔标准、加强培训、引进优秀人才等措施，努力构建一支高素质、专业化的思政课教师队伍。这样的队伍不仅能够有效提升思政教学的质量，还能更好地满足学生的需求并适应社会的发展。

然而，在一些高校中，思政课教师数量不足、结构不合理、专业素养参差不齐等问题仍然存在。这些问题不仅影响了思政教学的正常进行，也制约了思政教学质量的提升。为了解决这些问题，高校需要进一步加强思政课教师队伍的建设和管理，通过优化教师结构、提高教师专业素养、加强教师培训等措施，不断提升思政课教师的教学能力和学术水平。

同时，高校还应该建立有效的激励机制，鼓励思政课教师积极参与教学改革和创新，不断探索新的教学方法和手段。只有这样，才能更好地激发学生的学习兴趣和主动性，提高思政教学的实效性和针对性。

综上所述，思政课教师作为高校思想政治理论课教学的真正执行者，肩负着重要的责任和使命。高校应该进一步加强思政课教师队伍的建设和管理，努力打造一支高素质、专业化的思政课教师队伍，为培养德智体美劳全面发展的社会主义建设者和接班人贡献力量。

二、高校思政教学物力资源配置现状

物力资源包括教学设备、教材、教学场所等，是思政教学不可或缺的物质基础。近年来，随着高校对思政教学的投入不断增加，许多高校的教学设备得到了更新和升级，教材建设也取得了显著进展。然而，仍有个别高校由于资金、场地等限制，物力资源配置相对滞后，难以满足思政教学的实际需求。

（一）物力资源配置取得的成效

近年来，随着高校对思政教学的投入不断增加，思政教学的物力资源配置得到了显著改善，具体表现在以下两个方面。

1. 教学设备更新升级

许多高校都配备了现代化的教学设备，如多媒体教室、智能互动系统等。这些设备为思政教学提供了更加便捷、高效的教学手段，丰富了教学形式，提高了教学效果。

2. 教材建设取得进展

高校在思政教材建设方面也取得了显著进展。教材内容更加丰富、系统，与时俱进地融入了新的教学理念和元素。同时，教材的编写也更加注重实践性和应用性，有助于学生将理论知识转化为实际能力。

（二）物力资源配置存在的问题

尽管高校在思政教学的物力资源配置方面取得了一定的成效，但仍存在一些问题，具体表现在以下几个方面。

1. 部分高校设备落后

由于资金、场地等限制，个别高校的思政教学设备相对落后。这些设备可能无法满足现代思政教学的需求，如智能化、互动性等方面存在不足，影响了教学效果和学生的学习体验。

2. 教材质量参差不齐

虽然高校在思政教材建设上取得了一定的进展，但部分教材的编写仍存在质量问题。例如，教材内容陈旧、缺乏创新性，或者与实践脱节、难以应用等。这些问题都可能影响学生的学习效果和思政教学的质量。

3. 教学场所不足或不合理

部分高校由于场地限制，使得思政教学场所不足或不合理。例如，教室数量不足、空间狭小，或者教室因布局不合理而无法满足多种教学形式的需求。这些问题都可能影响思政教学的正常开展。

（三）物力资源配置问题的成因

1. 资金投入不足

部分高校由于资金投入不足，无法及时更新教学设备、改善教学场所条件或购买高质量的教材。这是物力资源配置滞后的主要原因之一。

2. 重视程度不够

尽管思政教学在高等教育中占据重要地位，但个别高校可能在实际操作中未能给予足够的重视。这可能导致在物力资源配置上的投入不足或不合理。

3. 管理机制有待完善

部分高校在思政教学的物力资源配置上缺乏科学、有效的管理机制。例如，设备采购、教材选用、教学场所分配等环节可能存在不透明、不规范的情况，导致资源配置不合理或浪费。

三、高校思政教学财力资源配置现状

财力资源是高校思政教学资源配置的经济基础。国家对思政教学的投入力度不断加大，为高校思政教学提供了有力的经费保障。这些资金被用于改善教学条件、更新教学设备、引进优秀人才等，有效提升了思政教学的质量和水平。然而，由于各高校的经济状况和发展需求不同，财力资源的配置也存在一定的差异性和不平衡性。

（一）财力资源配置取得的成效

近年来，国家对思政教学的投入不断增加，为高校思政教学提供了充足的经费。这些资金被用于多个方面，有效提升了思政教学的质量和水平，具体表现在以下几个方面。

1. 改善教学条件

财力资源的投入不断增加，使得高校能够改善思政教学的基础设施，如升级教室设施、优化教学环境等，为学生提供更加舒适、便捷的学习场所。

2. 更新教学设备

随着科技的进步，高校利用财力资源更新思政教学设备，如引进多媒体教学设备、建设在线教学平台等，丰富了教学手段，提高了教学效果。

3. 引进优秀人才

财力资源的支持使得高校能够引进更多优秀的思政课教师，提升教师队伍的整体素质和教学能力，为思政教学提供更强有力的人才保障。

4. 开展学术研究与交流

部分高校利用财力资源支持思政课教师开展学术研究、参加学术会议等，促进了思政教学领域的学术交流与合作，推动了思政教学的创新与发展。

（二）财力资源配置存在的问题

尽管国家在思政教学方面的投入不断增加，但财力资源的配置仍存在一些问题和挑战，具体表现在以下几个方面。

1. 配置差异性和不平衡性

由于各高校的经济状况和发展需求不同，财力资源的配置存在一定的差异性和不平衡性。个别高校由于资金有限，无法充分满足思政教学的需求，导致教学质量和效果受到一定影响。

2. 资金使用效率不高

在个别高校中，由于管理机制不完善、规划不合理等原因，财力资源的使用效率并不高。部分资金可能被浪费在低效或无效的项目上，无法充分发挥其对思政教学的支持作用。

3. 缺乏长期规划

部分高校在财力资源配置上缺乏长期规划，导致资金的使用缺乏持续性和稳定性。这可能会影响思政教学的长期发展和创新能力的提升。

四、高校思政教学信息资源配置现状

信息资源在现代思政教学中发挥着越来越重要的作用。随着互联网技术的快速发展，思政教学的网络资源日益丰富，为思政教学提供了更加广阔的空间和平台。高校积极利用网络资源，实施在线教学、远程教学等新型教学模式，有效拓展了思政教学的渠道和方式。然而，网络资源的海量性和复杂性也给思政教学带来了一定的挑战，如何筛选、整合和利用这些资源成为一个亟待解决的问题。

（一）信息资源配置的重要性与成效

1. 提供广阔的教学空间和平台

互联网技术的发展使得思政教学的网络资源日益丰富，如学习强国、慕课等平台提供了大量的思政课程资源。

2. 提升教学效果与互动性

网络资源的利用使得思政教学更加生动、形象，提高了学生的学习兴趣和积极性。

在线讨论、互动问答等方式增强了师生之间的交流与互动，有助于提升教学效果。

3. 拓展教学渠道和方式

高校积极利用网络资源，实施在线教学、远程教学等新型教学模式，如通过直播、录播、在线讨论等方式开展思政教学活动。这些新型教学模式有效拓展了思政教学的渠道和方式，增强了教学的灵活性和互动性。

（二）信息资源配置面临的挑战

1. 网络资源的海量性与复杂性

网络资源的海量性和复杂性给思政教学带来了一定的挑战。如何从海量的网络资源中筛选出符合教学要求、高质量的思政教学资源，是一个亟待解决的问题。

2. 网络资源整合与利用

网络资源的分散性和多样性使得资源整合成为一项重要任务。如何将不同来源、不同形式的思政教学资源进行整合，形成系统化、结构化的教学资源体系，以便更好地服务思政教学，是另一个需要解决的问题。

3. 网络资源质量与更新速度

网络资源的质量和更新速度也是影响思政教学效果的重要因素。一些资源可能存在内容陈旧、质量不高的问题，需要不断更新和优化。

综上所述，高校思政教学资源配置在近年来取得了显著进展，但仍存在一些问题和挑战。为了进一步提升思政教学质量和水平，需要继续加大投入力度，优化资源配置结构，加强教师队伍建设，完善教学设备设施，拓展信息资源渠道，推动思政教学向更高层次、更广领域发展。

第三节　高校思政教学师资队伍现状

高校思政教学师资队伍现状可以从多个维度进行分析，包括师资队伍的规模、结构、素质及存在的问题等。

一、师资队伍规模

近年来，随着国家对思政教学的日益重视，高校思政教学师资队伍规模经历了显著的扩张。教育部发布的一系列数据清晰地显示，截至 2021 年 11 月底，登记在库的高校思政课专兼职教师数量超过 12.7 万人，其中专职教师高达 9.1 万余人。与 2016 年的数据相比，2021 年高校思政课专兼职教师总数增加了 6 万人，专职教师则增加了 4.5 万人。这一显著的增长不仅体现了国家对思政教学的投入力度之大，也凸显了高校在思政教学师资队伍建设方面所做出的巨大努力。

值得注意的是，这一增长趋势并未停滞，而是在近几年持续攀升。最新数据显示，到 2024 年，全国高校思政课专兼职教师数量已经增至 14.5 万人，专职教师更是超过了 11 万人。这一数据不仅再次印证了国家对思政教学的重视，也反映了高校在思政教学师资队伍建设上取得的显著成效。

随着高校思政教学师资队伍的壮大，其社会影响也在不断扩大。思政课教师在推动党的创新理论深入人心、汇聚社会正能量等方面发挥着越来越重要的作用。他们不仅是知识的传授者，更是学生价值观的引导者和塑造者。

同时，学科发展的突飞猛进也为高校思政教学师资队伍的建设提供了有力支撑。全国高校马克思主义学院的数量不断增加，马克思主义理论一级博士学位授权点和一级硕士学位授权点的数量也在大幅增加。这些举措为思政课教师的培养和发展提供了更多平台，也进一步推动了思政教学的深入发展。

综上所述，高校思政教学师资队伍规模的不断扩大，不仅体现了国家对思政教学的重视和投入，也反映了高校在思政教学师资队伍建设方面的努力和成效。这种趋势对高校思政教学的未来发展具有深远影响，为培养更多具有高尚品德和坚定信仰的优秀人才提供了有力保障。

二、师资队伍结构

（一）年龄结构

高校思政教学师资队伍的年龄结构呈现出显著年轻化的特征。根据教育部公布的相关数据，可以清晰地看到这一特征：截至2021年底，在专职思政课教师中，49岁以下教师占比高达77.7%。教育部作为国家教育行政机构，其公布的数据具有高度的权威性和可信度，这一数据准确地反映了当前高校思政课教师队伍的年龄构成情况。

这一年轻化特征意味着高校思政教学师资队伍以中青年教师为主体，他们通常具有更强的创新意识、学习能力和适应能力，能够迅速掌握新的教学理念和方法，从而推动思政教学的不断创新和发展。同时，年轻教师也更容易与学生产生共鸣，用更加贴近学生实际的方式传授思政知识，提高教学效果。

此外，年轻化的师资队伍还具有较大的发展潜力。他们在职业生涯中还有很长的路要走，可以通过不断学习和实践来提升自己的专业素养和教学能力，为思政教学的长远发展提供有力支持。

综上所述，高校思政教学师资队伍的年轻化特征不仅体现了国家对思政教学的重视和投入，也反映了高校在思政师资队伍建设方面的努力和成效。这种年轻化的特征为思政教学的未来发展注入了新的活力，有助于培养更多具有高尚品德和坚定信仰的优秀人才。

（二）学历结构

高校思政教学师资队伍的学历层次在近年来呈现出显著提升的趋势。这一趋势不仅体现在教师个体的学历水平上，更在整体结构上展现了高学历的特征。

根据教育部公布的数据，截至2021年底，拥有研究生以上学历的思政课教师占比已经达到72.9%。这一数据不仅反映了高校在思政课教师招聘和培养上的高标准，也体现了国家对思政教学质量的高度重视。在高学历教师中，拥有博士学位的教师数量也在逐年增加，他们为高校思政教学带来了更深厚的学术底蕴和更广阔的知识视野。

高学历的师资队伍对于提升高校思政教学的质量和水平具有显著作用。首先，高学历教师通常具备更扎实的专业基础和更系统的知识体系，能够更准确地把握思政教学的核心内容和教学要点。其次，他们在学术研究和教学方法上往往具有更丰富的经验和更独到的见解，能够不断创新教学方式，提高教学效果。最后，高学历教师还更容易与学生建立学术上的共鸣，激发学生的学习兴趣和探究欲望，从而培养出更多具有高尚品德和坚定信仰的优秀人才。

（三）职称结构

高校思政教学师资队伍的职称结构是衡量其教学水平和学术造诣的重要指标之一。根据教育部公布的数据，具有高级职称的思政课教师占比已经达到一定水平，为思政教学提供了有力保障。其中，35% 的专职思政课教师拥有高级职称。这一数据准确地反映了当前高校思政教学师资队伍的职称构成情况。高级职称教师通常具备丰富的教学经验和深厚的学术造诣，他们在思政教学领域深耕多年，对教学内容和方法有着独到的见解和把握。

高级职称教师的存在为高校思政教学提供了多方面的保障。首先，他们凭借丰富的教学经验，能够更准确地把握教学重点和难点，制订更加科学、合理的教学计划和方案。其次，高级职称教师通常具有更高的学术水平，能够为学生提供更深入、更全面的思政知识，有助于提升学生的思想政治素养和综合能力。最后，高级职称教师还能够在学术研究和教学方法上不断创新，推动高校思政教学的不断发展和进步。

同时，职称结构只是衡量高校思政教学师资队伍水平的一个方面。为了进一步提升思政教学的质量和水平，还需要综合考虑教师的年龄结构、学历层次、专业素养等多个方面。只有建设一支高素质、专业化的高校思政教学师资队伍，才能更好地履行思政教学的使命和责任，为培养更多德才兼备的优秀人才提供有力支撑。

三、师资队伍素质

高校思政教学师资队伍的整体素质在近年来呈现出不断提升的态势，这主要归功于国家对思政教学的持续重视及高校对思政师资队伍建设的积极投入。

国家发布了一系列政策文件，如《关于深化新时代学校思想政治理论课改革创新的若干意见》等，指导高校加强思政教学师资队伍建设。各高校积极响应国家号召，通过引进优秀人才、加强教师培训、开展学术研究等方式，不断提升思政课教师的专业素质和教育教学能力。

思政课教师也积极响应国家号召，不断探索和创新思政教学模式和方法，如案例教学、讨论式教学等多样化的教学手段，旨在激发学生的学习兴趣和主动性。同时，他们注重将理论与实践相结合，通过社会实践、志愿服务等活动，让学生在实践中深化对思政知识的理解和认识。

（一）政治素质与理论水平

思政课教师的政治素质和理论水平得到了显著提升。他们更加注重政治理论学习，不断提高自己的政治素质和理论水平，能够准确传达党的理论和路线方针政策，并运用马克思主义的立场、观点和方法分析解决思政工作中的问题。

（二）教学能力与创新能力

随着教育理念的不断更新和教学方法的不断创新，思政课教师的教学能力和创新能力得到了显著增强。他们能够更好地把握教学重点和难点，制订更加科学、合理的教学计划和方案，并注重运用现代信息技术和网络资源进行辅助教学，以提高教学效果和学生的学习兴趣。

（三）学术研究与科研成果

思政课教师积极参与学术研究，不断推动思政教学的理论创新和实践创新。他们发表了大量的学术论文和著作，为思政教学的改革和发展提供了有力的理论支撑和实践经验。同时，这些研究成果也进一步提升了思政课教师的学术地位和影响力。

四、师资队伍建设存在的问题

尽管高校思政教学师资队伍建设取得了显著成效，但仍存在一些问题和挑战。

（一）部分高校重视程度不够

部分高校对思政教学师资队伍建设的重视程度不够，导致师资队伍建设经费、政策等方面支持力度不足，影响了思政教学的质量和水平。

1. 师资队伍建设经费不足

部分高校在思政教学师资队伍建设上的经费投入有限，导致无法充分满足思政课教师在培训、科研、教学等方面的需求。

2. 政策支持力度不够

除了经费支持，部分高校在政策制定和执行上也存在不足，如职称评定、薪酬分配等方面未能给予思政课教师足够的激励和支持。

究其根本原因有两个。一是对思政教学重要性认识不足。部分高校领导对思政教学的重要性认识不够，认为思政教学工作无法直接转化为学校的学术成果或经济利益，因此对思政教学师资队伍建设的投入和支持相对较少。国家相关部门虽已发布相关政策文件指导高校加强思政教学师资队伍建设，但部分高校在执行过程中存在偏差或力度不够的情况。二是重科研轻教学的倾向。在一些高校中存在重科研轻教学的倾向，导致思政教学师资队伍建设受到忽视。这种倾向不仅影响了思政课教师的教学积极性和职业发展，也降低了思政教学的质量和水平。

思政教学师资队伍建设的不足会直接导致思政教学质量下滑。如果思政课教师缺乏足够的专业素养和教育教学能力，他们将难以提供出色的教学服务，这将对学生的学习成效和思想政治素养的培育产生不利影响。同时，高校思政教学师资队伍的不稳定性也是一个重要问题。由于缺少充分的支持和激励措施，一些高校思政课教师可能会选择调离教学岗位或转向其他行业发展，这将导致思政教学师资队伍不稳定。这种不稳定性不仅会破坏思政教学的连贯性，还会加大高校在思政教学师资队伍建设上的困难和经济负担。

综上所述，部分高校对思政教学师资队伍建设的重视程度不够是一个需要引起关注的问题。通过提高认识、加强政策支持、增加经费投入和优化评价体系等措施，高校可以有效推动思政师资队伍建设的发展，提升思政教学的质量和水平。

（二）师资队伍配备不足

部分高校思政课教师配备不足，无法满足思政教学的需求。这可能导致思政课程课时不足，或者无法保证小班教学，从而影响教学效果。

1. 教师数量不足

教师数量不足的问题在部分高校中尤为突出，特别是在思政教学师资队伍建设方面。根据教育部发布的相关政策规定，高校思政课师生比不低于 1：350，以确保教学质量和学生的学习效果。然而，部分高校未能达到这一规定标准。

首先，由于教师数量不足，思政课程可能无法安排足够的课时。这意味着学生无法接受全面、系统的思政教育，导致他们在思想政治方面的知识和素养存在缺失。同时，这也可能影响到学生的整体学习计划和进度安排。

其次，由于教师数量不足，无法保证小班教学。小班教学能够确保教师更好地关注每个学生的学习情况，进行有针对性的指导和辅导。然而，在部分高校中，由于思政课教师数量有限，往往只能采取大班授课的方式。这种教学方式可能导致教师无法充分关注每个学生的学习需求，难以进行个性化的教学指导，从而影响教学效果和学生的学习体验。

最后，教师数量不足还可能引发一系列连锁反应。例如，为了弥补教师数量的不足，个别高校可能不得不让一些非专业教师承担思政课程的教学任务。这种情况无疑会进一步降低思政教学质量，影响学生的学习效果和思想政治素养的提升。

因此，解决教师数量不足的问题对于提升高校思政教学的质量和水平至关重要。思政课教师数量不足的高校应加大思政课教师的引进力度，通过公开招聘、校际交流等方式吸引更多优秀人才加入思政课教师队伍。同时，高校也可以加强与相关部门的合作，争取更多的政策支持和经费投入，以改善思政课教师的教学条件和生活待遇，稳定师资队伍，提高教学水平。

2. 教学资源紧张

由于教师数量不足，部分高校可能面临教学资源紧张的情况，这一问题不仅涉及教室、设备等硬件设施的匮乏，还会影响到思政教学的整体质量和水平。

第一，在教室资源方面，由于教师数量不足，高校可能无法为思政课程分配足够的教室，导致课程安排受限。这不仅影响了学生的正常学习进度，也可能使思政课程无法覆盖到所有需要的学生群体。同时，教室资源的紧张还可能导致教学环境拥挤，不利于学生的学习和教师的教学。

第二，在教学设备方面，思政教学需要借助现代化的教学设备来提升教学效果。然而，由于资源紧张，部分高校可能无法为思政课程提供足够的教学设备，如多媒体设备、投影仪等。这使得教师在教学过程中无法充分展示教学内容，也限制了学生参与课堂互动的机会，从而影响了教学效果和学生的学习兴趣。

因此，解决教学资源紧张的问题是提升思政教学质量和水平的关键之一。高校应加大对教学资源的投入，通过建设更多的教室、购置先进的教学设备等方式来缓解资源紧张的状况。同时，也可以探索利用现代信息技术手段，如在线教学、远程教育等，来扩大思政教学的覆盖面和影响力，从而在一定程度上弥补教学资源的不足。

综上所述，由教师数量不足所导致的教学资源紧张问题是当前部分高校思政教学中亟待解决的重要问题。通过加大投入、创新教学方式等手段，可以有效缓解这一问题，为思政教学提供更好的保障和支持。

（三）师资队伍结构不尽合理

虽然高校思政教学师资队伍在整体上呈现出年轻化、高学历化的积极特征，但不可忽视的是，其结构仍存在不尽合理的问题。这些问题主要体现在专职教师与兼职教师的比例失衡、拥有不同学科背景的教师比例不协调等方面。

1. 专职教师与兼职教师的比例失衡问题

（1）政策要求与实际情况的差距

教育部在政策文件中明确提出了“专职为主、专兼结合、数量充足、素质优良”的原则，这是为了构建一支既稳定又灵活多样的高校思政教学师资队伍。这一原则旨在确保思政教学的专业性和连贯性，同时利用兼职教师的资源来丰富教学内容和视角。

然而，在实际操作中，这一政策要求的实施面临着诸多挑战。部分高校由于编制限制，无法增加足够的专职教师岗位，导致专职教师数量不足。同时，经费紧张也是一个重要的制约因素，高校在有限的预算下需要权衡各种支出，有时难以为思政教学提供足够的资金支持。导致这种差距的主要原因包括以下几点。

①编制限制。高校的编制是有限的，而思政课作为一门重要的公共课，需要大量的教师资源。在编制紧张的情况下，高校可能更倾向于聘请兼职教师来填补空缺，但这与“专职为主”的原则存在差距。

②经费紧张。思政课的开设和教学质量的提升需要相应的经费支持，包括教师薪酬、教学设备、教材研发等。经费紧张可能导致高校在聘请专职教师和提升教学质量方面力不从心。

③教师资源分配不均。在一些高校中，由于学科发展的不平衡，可能存在教师资源分配不均的问题。思政课作为一门综合性学科，需要多学科背景的教师，但在实际操作中，可能由于教师资源分配不均，难以按照理想比例配置专职和兼职教师。

这种政策要求与实际情况的差距可能导致高校思政教学师资队伍的不稳定和教学质量的参差不齐。兼职教师虽然可以为思政教学提供额外的支持，但由于他们通常还有其他的教学或科研任务，可能无法像专职教师那样全身心地投入思政教学中，从而影响教学的连贯性和深度。因此，如何缩小政策要求与实际情况的差距，构建一个更加合理、高效的思政教学师资队伍结构，是当前高校必须解决的一个重要问题。

（2）兼职教师过多带来的问题

在一些高校中，由于各种原因，兼职教师在思政教学师资队伍中占比较高。虽然兼职教师能够为思政教学提供额外的支持，缓解专职教师数量不足的问题，但兼职教师过多也带来了一系列的问题。

①教学连贯性受损。兼职教师通常需要在多个教学岗位之间奔波，他们可能同时承担不同学科或不同课程的教学任务。这种多任务的情况很容易导致他们在思政教学上的时间和精力分配不足，从而影响教学的连贯性。学生可能会发现，不同兼职教师的教学内容、教学方法甚至教学风格都存在较大的差异，这给他们的学习和理解带来了困难。

②教学深度不足。由于兼职教师通常还有其他的教学或科研任务，他们可能无法像专职教师那样对思政课程进行深入的研究和准备。这导致他们在教学中可能只能停留在表面，无法深入挖掘课程的内涵和价值，也无法为学生提供深入思考和讨论的机会。这样的教学很难达到思政教学的真正目的，即引导学生形成正确的世界观、人生观和价值观。

③教学质量难以保障。兼职教师过多还意味着教学质量的不稳定性增加。由于兼职教师的教学水平和投入程度各不相同，因此很难保证每一位兼职教师都能提供高质量的教学。此外，兼职教师与学校的联系相对松散，他们可能缺乏对学生情况的深入了解和对学校教学要求的准确把握，这也进一步影响了教学质量。

这些问题不仅影响了学生的学习效果和思政教学的效果，也制约了思政课程的发展和提升。因此，高校在构建思政教学师资队伍时，应充分考虑专职与兼职教师的比例问题，确保教学质量。

2. 拥有不同学科背景的教师比例不协调问题

思政课作为一门综合性的学科，其教学内容涉及哲学、政治学、经济学等多个领域，要求教师具备广泛的知识背景和深厚的理论功底。然而，在实际中，部分高校拥有不同学科背景的教师比例不协调，即思政教学师资队伍呈现出单一化学科背景的现象，主要偏重于某一学科，如哲学或政治学。这为思政教学带来以下问题。

①教学内容单一，缺乏广度与深度。当思政课教师主要源于某一特定学科，如哲学或政治学，他们可能更倾向于从自己的专业角度出发，选择那些与自己学科紧密相关的教学内容。这导致思政课程的教学内容变得单一，缺乏跨学科的知识融合和全面的视角。学生在这样的教学环境下，可能只能接触有限的知识领域，而无法获得思政课程应有的广度和深度。这种单一化的教学内容不仅限制了学生的知识视野，还可能降低他们对思政课程的兴趣和认同感。

②教学方法单调，缺乏创新与互动。单一化学科背景还可能导致教学方法的局限性。拥有不同学科背景的教师通常会带来不同的教学方法和理念，但当思政

教学师资队伍过于单一时，教学方法也可能变得单调乏味。传统的讲授式教学法可能成为主流，而缺乏讨论式教学法、案例教学法、角色扮演教学法等多样化的教学方法。这种单调的教学方法无法激发学生的学习兴趣，也无法满足他们的不同学习需求。同时，缺乏互动和参与的教学环境还可能抑制学生的主动性和创造性思维。

③难以满足学生多元化需求。当代大学生具有多元化的知识需求和兴趣点，他们希望思政课程能够提供广泛而深入的知识内容，帮助他们更好地理解社会现象和解决实际问题。然而，在单一化学科背景的影响下，思政教学往往难以满足学生的这种多元化需求。学生可能觉得课程内容与自己的实际生活脱节，无法产生共鸣和兴趣。这种脱节不仅降低了学生的学习动力，还可能影响他们对思政课程的认同感和价值观的形成。

综上所述，单一化学科背景限制了思政教学的内容和方法，使得教学难以满足学生的多元化需求。为了提升思政课程的教学效果和质量，高校应该注重引进拥有不同学科背景的教师，以丰富教学内容和教学方法，满足学生的多元化需求。同时，教师自身也应该不断更新知识结构和教学方法，提升自己的教学能力和水平，为学生提供更加全面而深入的知识体验。

（四）教师素质参差不齐

思政课作为高等教育体系中的重要组成部分，其教学质量和效果在很大程度上取决于教师的素质。然而，思政课教师的来源多样，包括专职教师、兼职教师、在读研究生等，从而导致教师素质在整体上呈现出参差不齐的状况。

1. 专职教师素质差异

虽然专职教师是思政教学师资队伍的中坚力量，但他们的素质也存在一定的差异。一些专职教师可能具备丰富的思政教学经验和深厚的专业知识，能够为学生提供高质量的教学。然而，也有个别专职教师可能由于缺乏持续的专业发展和学习，其知识和教学方法相对陈旧，无法满足新时代思政教学的需求。

2. 兼职教师的问题

兼职教师虽然可以为思政教学提供额外的支持，但由于他们通常还有其他的教学或科研任务，可能无法像专职教师那样全身心地投入思政教学中。此外，兼职教师的学科背景和教学经验也各不相同，这可能导致他们在思政教学中的表现参差不齐。一些兼职教师可能缺乏思政教学的专业知识和经验，难以保证教学的深度和广度。

3. 对思政教学的影响

教师素质的参差不齐直接影响了思政教学的效果。部分教师可能由于缺乏思政教学经验和专业知识，无法为学生提供准确、深入的知识解读和思想引导。这可能导致学生对思政课程难以产生兴趣。同时，教师素质的差异也可能导致教学质量不稳定，从而影响思政教学的连贯性和系统性。

第三章　全媒体时代对高校思政教学的影响

本章主要介绍全媒体时代对高校思政教学产生的影响，围绕全媒体时代对高校思政教学理念的影响、全媒体时代对高校思政教学内容的影响、全媒体时代对高校思政教学方式的影响等三方面展开论述。

第一节　全媒体时代对高校思政教学理念的影响

一、全媒体环境下思政教学理念的转变

（一）传统理念的变革

传统的思政教学理念强调教师的主导作用，将学生视为被动的知识接收者。在这一理念的指导下，思政课堂往往以教师讲授为主，学生被动听讲、记录笔记。这种教学模式忽视了学生的主体性，难以调动学生学习积极性，也无法有效培养其独立思考、理性批判的能力。随着时代的发展和社会的进步，这种传统的思政教学理念已经难以适应新时代人才培养的需求。

全媒体时代的到来为思政教学理念的变革提供了契机。在信息技术的推动下，知识获取的途径日益多元，学生不再满足于被动接收，而是渴望通过主动探索来构建自己的知识体系。面对这一变化，思政课教师必须主动转变教学理念，从“教”的主导者转变为“学”的引导者，为学生提供自主学习、合作探究的平台。在教学过程中，教师应该充分尊重学生的个体差异，鼓励其表达独特见解，培养其批判性思维和创新意识。同时，教师还应该引导学生关注现实问题，使其将所学知识与社会实践相结合，在解决实际问题的过程中提升思想政治素养。

信息技术的发展也为思政教学提供了丰富的资源和手段。多媒体教学、在线课程、虚拟现实等新兴教学手段和技术的应用，使得思政课堂不再局限于传统的讲授模式，而是呈现出交互性、体验性、开放性的特点。教师可以利用信息技术

创设情境，引导学生进行沉浸式体验，加深对抽象概念的理解；可以整合优质教学资源，为学生提供个性化、多样化的学习内容；还可以搭建网络交流平台，促进师生、生生之间的互动与协作。这些变化不仅提高了思政教学的吸引力和感染力，也极大地拓展了学生的知识视野和思维空间。

然而，信息技术只是思政教学的辅助手段，而非主宰。在运用新技术的同时，教师更要注重教学内容的选择和教学过程的设计，确保技术服务于教学目标，而非喧宾夺主。教师要立足学科特点，挖掘蕴含其中的思想价值和精神内涵，帮助学生树立正确的世界观、人生观和价值观。同时，教师还要关注学生的认知规律和接受特点，合理运用案例教学法、情境教学法、辩论式教学法等多种教学方法，引导学生深入思考、积极参与，真正实现从“要我学”到“我要学”的转变。

总之，全媒体时代对传统思政教学理念提出了挑战，但也带来了机遇。思政课教师要主动拥抱变革，与时俱进，不断更新教学理念，创新教学模式，提升教学效果。只有立足时代特点，顺应教育发展趋势，充分发挥信息技术优势，才能不断增强思政课的吸引力和感染力，培养担当民族复兴大任的时代新人。这是摆在每一位思政课教师面前的崇高使命和重大责任，需要以开放、创新、务实的态度，在教学实践中不断探索、勇于创新，推动思政教育事业的蓬勃发展。

（二）全媒体对教学理念的影响

全媒体时代，媒体技术的迅猛发展正在深刻影响和重塑高校思政教学的理念。网络社交平台、移动终端等新媒体工具为思政教学提供了更为丰富的资源和更加便捷的渠道，同时也对传统教学模式提出了挑战。面对这一趋势，高校思政课教师必须主动拥抱新媒体，创新教学理念，方能有效提升教学质量，实现立德树人的根本任务。

在新媒体环境下，高校思政教学理念需要实现从“灌输式”向“互动式”的转变。传统的思政课堂往往以教师为中心，学生被动接收知识，缺乏参与感和获得感，而新媒体为师生之间、生生之间的交流互动提供了便利。教师可以利用网络社交平台等发布教学信息，组织在线讨论，引导学生分享见解、碰撞思想。学生也可以通过网络渠道获取学习资源，展开自主探究，提出疑问并得到及时解答。这种师生良性互动有助于调动学生学习的积极性，提高思政课堂的参与度，增强教学的针对性和实效性。

与此同时，新媒体环境也要求思政教学理念从“说教式”向“引导式”转变。在信息爆炸的时代，学生接触的思想观点日趋多元，传统的说教方式难以奏效。

教师应立足学生的认知特点和接受习惯，以开放包容的姿态引导学生分析和判断信息，形成正确的价值取向。例如，面对网上的错误言论，教师不应简单批驳，而应引导学生运用马克思主义基本原理去分析其谬误所在，使学生在批判性思考中坚定理想信念。总之，引导式教学强调唤起学生的主体意识，培养其独立思考的能力，这是新媒体语境下思政教学的应有之义。

此外，新媒体环境还促使思政教学理念从“板书式”向“场景式”转变。新媒体打破了教学的时空限制，教师可以充分利用视频、动画、VR技术等，创设逼真的教学情境，带领学生“走进”历史现场、社会现实，感悟真理、坚定信念。例如，利用VR技术再现革命根据地的峥嵘岁月，让学生身临其境地感受革命先辈的斗争历程；又如，运用新媒体平台展示基层群众的生动故事，引导学生深入社会、关注民生，在亲身实践中坚定“四个自信”。可见，场景式教学能够使思政内容“活”起来，增强教学的感染力和说服力，促进知行合一、学以致用。

新媒体时代，高校思政教学理念的创新方兴未艾，不断催生出新的教学模式和方法；但无论形式如何变化，立德树人的根本任务不能变，“以人民为中心”的价值追求不能变。思政课教师只有坚定正确的政治方向，提高运用新媒体开展教学的能力，以学生为中心优化教学设计，才能不断增强思政课的思想性、理论性、亲和力和针对性，用习近平新时代中国特色社会主义思想铸魂育人，培养担当民族复兴大任的时代新人。

二、信息技术对思政教学理念的重塑

（一）数字化教学的引入

数字化教学的引入是高校思政教学创新的重要举措。在全媒体时代，传统的思政教学模式已经难以适应信息技术的飞速发展和大学生学习方式的转变。面对这一挑战，高校思政课教师只有主动拥抱数字化变革，深度融合信息技术，不断创新教学内容和方法，才能真正提升思政教学的吸引力和感染力。

数字化教学为思政教学提供了丰富多样的资源和手段。借助在线课程、虚拟仿真实验等数字化教学平台，教师可以将枯燥抽象的理论知识转化为生动直观的记忆点，激发学生的学习兴趣。同时，数字化教学还能突破时空限制，实现优质教学资源的共享和传播。学生可以利用碎片化时间，随时随地开展自主学习，大大拓展了思政教学的时空维度。此外，数字化教学还能促进师生互动，提高教学效率。教师可以通过在线答疑、讨论、测试等方式，及时了解学生的学习情况，有针对性地进行个性化辅导；而学生也能利用在线平台分享自己的见解，进行深度探讨，从而增强思政课程的参与感和获得感。

然而，数字化教学在为思政教学带来机遇的同时，也对教师提出了更高的要求。首先，教师需要具备较强的信息技术应用能力，熟练运用各类数字化教学工具和平台，设计出富有吸引力和感染力的课程内容。其次，教师还应转变教学理念，树立以学生为中心的教学思想，充分尊重学生的主体地位，鼓励其主动参与、自主探究。最后，面对海量的网络信息，教师还需要提高甄别能力，引导学生树立正确的价值观，提高其辨别是非、抵制错误思想的能力。只有不断加强教师队伍建设，提升教师的综合素质，才能真正实现数字化教学与思政教学的深度融合。

总之，数字化教学是全媒体时代高校思政教学创新的必由之路。它既为思政教学注入了新的活力，也对教师提出了新的挑战。高校思政课教师只有主动拥抱变革，不断更新教学理念，提升信息技术应用能力和综合素质，才能在数字化浪潮中立于不败之地，不断提升思政教学的针对性、实效性和感染力。

（二）信息技术的整合应用

信息技术的迅猛发展为高校思政教学的创新提供了强大动力和广阔空间。面对全媒体时代的机遇与挑战，思政课教师需要主动拥抱新技术，将信息技术与思政教学深度融合，不断创新教学模式和方法，提升思政教学的针对性与实效性。

系统整合信息技术资源是创新思政教学的重要前提。当前，海量的信息技术资源为思政教学提供了丰富的素材和手段，但如果不能有效整合，就难以发挥其应有的作用。因此，思政课教师应该系统梳理各类信息技术资源，如数字化教材、在线课程、虚拟仿真实验等，探索其与思政教学内容的契合点，构建科学、合理的资源体系。在教学过程中，教师还应引导学生主动利用信息技术资源拓宽知识视野，培养其独立思考、分析问题的能力。只有系统整合资源，才能真正实现信息技术与思政教学的深度融合，激发学生的学习兴趣，提升教学质量。

创新信息技术支持下的教学模式是提升思政教学有效性的关键举措。传统的思政教学模式以教师讲授为主，学生被动接收知识，难以调动其学习积极性。信息技术的发展为突破这一限制提供了契机。教师可以利用信息技术设计探究式、参与式教学活动，引导学生在实践中主动建构知识体系。例如，教师可以利用数字化案例库组织专题讨论，鼓励学生运用所学知识分析现实问题；又如，教师可以借助 VR 等技术开展沉浸式体验教学，引导学生在虚拟场景中感悟思政理论的实践意义。教学模式的创新既能促进学生对知识的内化吸收，又能激发其情感共鸣，使思政教学更加立体、鲜活。

深化教学方式变革，优化学习体验，是信息技术赋能思政教学的应有之义。在信息技术的支持下，思政教学方式呈现出多样化、个性化的趋势。慕课、微课等在线教学方式打破了时空限制，为学生提供了自主学习的机会；交互式多媒体课件、虚拟仿真实验等增强了教学的直观性和参与性，激发了学生的探究欲望；大数据技术的应用为因材施教、个性化学习提供了可能。面对这些新变化，思政课教师要主动更新教学理念，深入研究信息技术环境下学生的学习特点，不断创新教学方法，为学生提供沉浸式、交互式的学习体验，培养其自主学习、合作探究的能力，促进其全面发展。

第二节　全媒体时代对高校思政教学内容的影响

全媒体时代为高校思政教学提供了海量的信息和多样化的信息获取方式，极大地丰富了思政教学的内容。通过社交媒体平台，高校可以获取最新的时政热点、社会动态、文化科技信息等，这些内容都可以作为思政教学的素材。此外，全媒体平台上的视频、音频、图片等多种形式的信息也为思政教学提供了更加生动、直观的教学资源。例如，教师可以利用短视频平台上的时事评论视频，引导学生关注社会热点问题，并进行分析和讨论，从而提高学生的思辨能力和社会责任感。

一、全媒体资源在思政教学中的整合与创新

（一）资源整合策略

全媒体时代对高校思政教学提出了新的要求，如何整合海量的全媒体资源，将其有效融入思政教学，成为亟待解决的问题。资源整合的关键在于制定科学合理的策略，既要突出思政教学的育人导向，又要符合全媒体时代的传播特点，实现教学内容与传播形式的高度统一。

从内容选择上看，资源整合应坚持以习近平新时代中国特色社会主义思想为指导，将党的创新理论作为思政教学的根本遵循。同时，要立足全媒体传播的时代特征，优选与大学生学习生活息息相关、与思政教学目标契合度高的素材，增强教学内容的针对性和实效性。例如，可以选取反映时代发展特征的重大事件、讲述英雄模范的感人事迹、选取展现中华优秀传统文化的经典故事等，用鲜活生动的案例阐释深刻的道理，提升思政教学的吸引力和感染力。

从呈现方式上看，资源整合应充分利用全媒体的交互性、即时性、共享性等特点，创新教学手段和方法。第一，教师可以利用微博、微信、抖音等新媒体平台，推送与教学内容相关的图文、音视频等信息，拓展课堂教学的时空维度，实现线上线下的有机结合。第二，教师可以运用 VR、AR 等先进技术手段，创设沉浸式、体验式的学习情境，引导学生在虚拟现实中加深对知识的理解和认知。第三，教师还可以鼓励学生利用全媒体工具开展自主学习和合作探究，如制作微视频、开展网上讨论等，能够有效调动其学习的主动性和创造性。

从教学流程上看，资源整合应遵循系统设计的理念，构建与思政课程相配套的全媒体资源库。在备课阶段，教师要精心筛选和加工各类媒体素材，将其与教材内容、教学目标紧密结合，形成逻辑严密、环环相扣的知识单元。在教学实施阶段，教师要合理安排线上线下教学活动，既要发挥课堂教学的主阵地作用，又要利用网络平台延伸、拓展学习时空。在教学评价阶段，教师要综合运用过程性评价和终结性评价，全面考查学生运用全媒体资源分析问题、解决问题的能力，帮助其树立正确的价值取向。

资源整合的成效取决于教师的整合意识和整合能力。一方面，高校要加强对思政课教师的全媒体素养培训，提升其驾驭现代信息技术的本领，使其成为信息化教学的“领航者”。另一方面，思政课教师要主动适应全媒体时代的要求，树立与时俱进的教育理念，积极探索资源整合的有效途径，不断提高教学的针对性和实效性。教师只有与时代同频共振，才能更好地肩负起立德树人的时代重任。

全媒体时代为高校思政教学插上了腾飞的翅膀，但如何驾驭这双翅膀，实现教学资源的优化整合，还需要广大教育工作者的不懈努力。制定科学的整合策略，选取优质的教育内容，创新教学方式方法，完善配套的资源库，提升教师的综合素养，是推进资源整合的关键所在。唯有如此，才能不断提升高校思政教学的亲和力和针对性，为培养担当民族复兴大任的时代新人提供坚实保障。

（二）数字化教学工具

数字化教学工具在高校思政教学中的应用已成为一个备受关注的热点话题。随着信息技术的飞速发展，各种数字化教学工具层出不穷，为思政教学注入了新的活力。这些工具不仅能够丰富教学内容、创新教学形式，还能够增强师生互动、提升教学效果。合理运用数字化教学工具，已经成为新时代思政课教师必备的教学能力。

多媒体教学软件是目前高校思政课教学中运用最为广泛的数字化教学工具之一。借助多媒体教学软件，教师可以将文字、图像、音频、视频等多种媒介形态有机结合起来，生动形象地呈现教学内容。例如，在讲授中国革命史相关内容时，教师可以播放相关的历史纪录片，让学生身临其境地感受那个时代的社会风貌和革命精神。又如，在阐释社会主义核心价值观时，教师可以展示一些典型案例的视频资料，引导学生进行价值判断和行为选择。多媒体教学软件的运用，使得思政课教学内容更加直观、生动，有效地激发了学生的学习兴趣。

VR 技术是近年来在教育领域崭露头角的又一项数字化教学工具。它通过构建一个逼真的虚拟环境，让学生沉浸式体验和学习，极大地提升了教学的吸引力和感染力。在高校思政教学中，VR 技术的应用前景广阔。例如，在学习中华优秀传统文化时，教师可以利用 VR 技术还原一个虚拟的古代场景，让学生身临其境地感受中华优秀传统文化的魅力。又如，在开展革命传统教育时，教师可以通过 VR 技术模拟一个红色旅游景点，引导学生重温革命历史，传承红色基因。VR 技术的运用，突破了时空的限制，拓展了思政教学的广度和深度。

此外，在线教育平台也是一种日益重要的数字化教学工具。近年来，慕课、微课、直播课等在线教育形式蓬勃发展，为思政教学提供了新的机遇。教师可以依托在线教育平台，共享优质的思政教学资源，实现优质资源的共建共享。同时，在线教育平台还为师生互动提供了便利的渠道。教师可以通过在线答疑、在线讨论等方式，及时解决学生学习过程中遇到的困难和问题。

需要注意的是，在运用数字化教学工具的过程中，教师要把握好“度”的问题。一方面，要合理选用数字化教学工具，根据教学内容和教学目标，选择恰当的工具形式。切忌为了运用而运用，而要实现工具与教学的有机融合。另一方面，要防止过度依赖数字化教学工具，忽视了传统教学方式的作用。数字化教学工具固然重要，但它终究只是教学的辅助手段。教师要在运用数字化教学工具的同时，继续发挥自身的引导作用，通过深入浅出的讲解、生动鲜活的语言，引导学生深入思考、积极互动，真正实现思政教学的润物无声。

总之，数字化教学工具为高校思政教学创新提供了重要的支撑。多媒体教学软件、VR 技术、在线教育平台等数字化工具的运用，极大地丰富了思政课的教学形式，提升了教学吸引力，增强了教学实效性。同时，教师也要清醒地认识到，数字化教学工具不是万能的，它只是教学的辅助手段。只有坚持育人为本，实现工具与教学的有机融合，才能真正发挥数字化教学工具的育人功能，不断提升高校思政教学质量，为培养担当民族复兴大任的时代新人贡献智慧和力量。

（三）互动式教学平台

互动式教学平台的引入为高校思政教学注入了新鲜血液。这些平台突破了传统课堂的时空限制，为教师和学生提供了更加灵活、多样的交流渠道。在互动式教学平台上，学生可以随时随地与教师、同学进行讨论和交流，分享自己的见解和疑惑。这种实时互动不仅激发了学生参与思政学习的热情，更重要的是培养了他们的独立思考能力和表达能力。

互动式教学平台能够有效整合各类教学资源。教师可以在平台上上传课件、视频、案例等多媒体素材，供学生课前预习、课后复习。学生也可以利用平台检索、收藏、分享自己感兴趣的学习资源。这种资源共享不仅拓宽了学生的知识视野，也为教师优化教学设计提供了支持。互动式教学平台将思政课堂的边界无限延伸，学习资源的获取变得更加便捷高效。

互动式教学平台还为思政教学提供了数据支撑。平台可以实时记录学生的学习行为，如登录频率、资源浏览量、讨论参与度等，为教师掌握学情、调整教学策略提供了依据。教师可以据此调整教学策略，因材施教，提升教学的针对性和有效性。这些数据还可用于学生的过程性评价，与期末考试等终结性评价相结合，构建起更加科学、全面的思政课程评价体系。

当然，互动式教学平台的应用也存在一些挑战。如何在网络空间营造良好的学习氛围，引导学生进行深度思考和交流，避免肤浅、娱乐化的倾向，是教师需要高度重视的问题。此外，面对海量的网络信息，教师还需要加强引导，帮助学生提高信息辨别能力，使其学会甄别、吸收有益内容。

总的来说，互动式教学平台为高校思政教学插上了腾飞的翅膀。它打破了传统课堂的局限，为教与学注入了新的活力。在信息时代的浪潮中，高校思政课教师应主动拥抱新技术，不断探索互动式教学的新模式、新方法。只有不断创新，与时俱进，才能真正实现思政教学与信息技术的深度融合，不断提升思政教学的亲和力和针对性，培养担当民族复兴大任的时代新人。

二、多元化信息丰富了思政教学的内容

（一）信息资源多元化

随着互联网和新媒体技术的迅猛发展，海量信息资源聚集网络平台，形成了丰富多样的信息来源。这为高校思政教学内容的创新发展提供了重要机遇。在全媒体时代，思政教学已不再局限于传统的课堂讲授，而是可以利用网络平台汇聚

的多元化信息资源，丰富和拓展教学内容。

互联网上蕴藏着各个领域的前沿动态、热点问题和最新成果，涵盖了政治、经济、文化、社会、生态等多个维度。这些信息资源为思政教学注入了新鲜血液，教师可以及时捕捉时政要闻、社会焦点，引导学生关注现实问题、拓宽知识视野。通过对网络信息的选择性吸收和课程内容的创造性转化，教师能够使思政教学内容紧跟时代步伐，增强教学的针对性和实效性。

此外，网络平台上还存在大量鲜活生动的案例素材，如各行各业优秀人物事迹、发人深省的社会现象解析、通俗易懂的理论知识讲解等。教师可以充分利用这些素材，创设情境，激发学生兴趣，引导其主动思考和讨论，使其加深对理论知识的理解和认识。素材的生动性和贴近性有助于提高思政教学的吸引力和感染力，调动学生参与的积极性。

同时，全媒体时代信息传播的海量化、碎片化特点，给甄别、筛选信息带来了新的挑战。一方面，繁杂的信息可能分散学生注意力，干扰教学秩序；另一方面，网络信息良莠不齐，虚假、低俗内容对学生价值观形成潜在冲击。因此，教师在利用网络信息资源创新教学内容的同时，必须坚持正确的政治方向，加强信息资源的选择、组织和加工，引导学生树立正确的世界观、人生观和价值观。

总之，全媒体时代多元化信息资源的汇聚为思政教学内容提供了丰富的选择空间。高校思政课教师应立足时代特点，主动适应信息传播新形势，积极利用网络平台聚集的优质信息资源，创新教学内容和方式方法，不断增强思政课的吸引力、感染力和针对性、实效性，引导学生形成正确的理想信念和价值理念，培养担当民族复兴大任的时代新人。

（二）教学内容多元化

全媒体时代，高校思政教学内容呈现出前所未有的多元化特征。传统的思政教学内容主要来源于马克思主义经典著作、党的理论创新成果及中华优秀传统文化，形式相对单一，渠道较为局限。然而，在信息技术迅猛发展的今天，思政教学内容的来源日益丰富，呈现方式也更加灵活多样。

首先，数字化资源为思政教学内容注入了新鲜血液。海量的网络信息资源，如微博、微信公众号、视频网站等，为思政教学提供了取之不尽、用之不竭的素材。教师可以从中甄选与教学内容有关的时事热点、社会现象、典型案例等，增强教学的时代感和吸引力。同时，数字化技术还促进了思政教学内容的多媒体化，音频、视频、动画等形式的运用，使得枯燥的理论变得生动形象，更容易被学生接受和理解。

其次，多元文化交融也极大地丰富了思政教学内容。在国际化背景下，不同国家、民族、地区的文化交流日益频繁，思政教学不再局限于本土视角，而是更加注重借鉴人类文明的优秀成果。教师通过介绍不同文化的内涵特色、比较分析其异同，引导学生形成开放包容、互鉴共荣的世界观，这既是思政教学的重要内容，也是培养学生家国情怀和国际视野的必然要求。

最后，实践育人也成为思政教学内容多元化的重要体现。马克思主义理论源于实践又指导实践，只有将思政小课堂同社会大课堂结合起来，才能增强教学的感染力和说服力。思政课教师应积极开展实践教学，组织学生参观红色教育基地、开展社会调查、投身志愿服务，在亲身体验中感悟真理、坚定信念。

总之，全媒体时代为思政教学内容的创新发展提供了广阔空间。高校思政课教师要主动顺应时代潮流，依托丰富的信息资源，整合多元文化元素，拓展实践育人途径，不断推陈出新，以多元化的教学内容引领学生成长成才，培养担当民族复兴大任的时代新人。只有不断增强思政教学内容的吸引力和感染力，才能落实立德树人根本任务，为学生全面发展奠基铸魂。

第三节　全媒体时代对高校思政教学方式的影响

一、多媒体技术对思政教学的影响

（一）创新了课堂展示方式

全媒体时代的到来，为高校思政教学注入了新的活力。多媒体技术的广泛应用创新了思政课的课堂展示方式，使其更加丰富多样，大幅提升了课堂展示的效果。借助多媒体技术，教师可以将抽象的理论知识转化为生动形象的视听元素，以更加直观、立体的方式呈现给学生，有效地激发学生的学习兴趣，促进学生对知识的理解和掌握。

在多媒体技术的支持下，思政课教师可以充分利用图片、视频、动画等多种形式的教学资源，创设学习情境，让学生在沉浸式体验中感悟理论的魅力。例如，在讲授中国革命历史时，教师可以播放一段革命烈士的纪录片，再现革命先辈可歌可泣的事迹，让学生深切感受他们的崇高品格和革命精神。又如，在讲解社会主义核心价值观时，教师可以展示一组新闻图片，借此阐释社会主义核心价值观在现实生活中的具体体现，引导学生思考如何将社会主义核心价值观内化于心、外化于行。这种立体化、情境化的课堂展示，能够帮助学生建立起知行合一的理论认识，真正做到入脑入心。

此外，多媒体技术还为思政教学提供了丰富的互动手段。传统的教学容易使学生产生倦怠感，缺乏师生互动、生生互动的课堂气氛，也不利于学生主动性和创造性的发挥。运用多媒体技术，教师可以设计各种互动环节，如在线测试、头脑风暴、小组讨论等，让学生成为课堂的主体，调动其参与热情。同时，学生可以通过智能终端随时与教师交流，表达自己的疑惑和见解，教师也能及时给予解答和点评。这种良性互动不仅能够活跃课堂气氛，增进师生感情，更能促进思政课教学从“要我学”向“我要学”转变。

不过，教师也要清醒地认识到，多媒体技术只是思政教学的辅助手段，它无法取代教师的主导作用。如果过度依赖多媒体，一味追求视听效果而忽视教学内容本身，就可能陷入形式主义的泥淖。因此，在运用多媒体技术进行课堂展示时，教师必须把握好“度”的问题。一方面，要发挥多媒体的优势，用好用活各种教学资源，不断创新展示方式；另一方面，要立足教学目标，精心设计教学环节，确保多媒体展示与教学内容紧密结合、相得益彰。只有在内容和形式的辩证统一中，多媒体技术才能真正成为提升思政教学质量、增强思政课吸引力和感染力的利器。

（二）丰富了教学资源

随着信息技术的飞速发展，多媒体技术在高校思政教学中得到广泛应用。多媒体技术以其直观、形象、生动的特点，为思政课堂带来了丰富多彩的教学资源。通过图文并茂的课件、生动逼真的动画、震撼人心的音视频等多种形式，教师可以将抽象的理论知识转化为具体的感性认知，使得思政课程内容更加鲜活立体，大大提高了教学的吸引力和感染力。

多媒体技术的应用极大地拓展了思政教学资源的广度和深度。在传统教学模式下，教师主要依靠教材、板书等有限的资源开展教学活动，学生的知识视野和思维空间难免受到局限。然而，在多媒体环境下，教师可以利用互联网汇聚海量的文字、图片、音频、视频等资源，为学生呈现丰富多元的知识。学生不仅能够接触经典的理论著作，还能欣赏名家大师的精彩讲座，感受不同历史时期的风土人情。教师可以运用这些多维度、立体化的教学资源，开阔学生眼界，启迪学生思维，激发其探究欲望和创新潜能。

此外，多媒体技术还为个性化、差异化的思政教学提供了可能。每个学生的知识基础、兴趣爱好、接受能力都存在差异，传统的“一刀切”式教学难以满足学生的个性化需求。然而，在多媒体平台上，教师可以根据学生的特点和需要，精心设计不同层次、不同风格的教学资源。对于基础薄弱的学生，教师可以提供简明扼要的知识脉络图，帮助其夯实基础；对于学有余力的学生，教师可以推荐拓展性的阅读材料，引导其深入探究。这种因材施教的教学策略，不仅能够照顾到每一位学生的发展需求，更能充分发挥其主体性和创造性。

当然，教学资源的丰富性并非取决于多媒体技术本身，而在于教师如何运用这些技术来服务教学目标。单纯追求形式的新颖和内容的海量，而忽视了资源的针对性和适切性，反而会适得其反。因此，在充分利用多媒体技术的同时，教师更要立足课程实际，围绕教学主题，精心遴选、优化、整合各类资源，使其与教学内容紧密结合、相得益彰。唯有如此，才能真正发挥多媒体技术的独特优势，不断提升思政课的教学质量和育人实效。

总之，多媒体技术为高校思政教学注入了新的活力，极大地丰富了教学资源，拓宽了学生的知识视野。在信息时代的浪潮中，思政课教师要主动拥抱多媒体技术，不断更新教学理念，创新教学方法，努力打造内容丰富、形式新颖、富有吸引力和感染力的优质课程。

（三）提高了学生的参与度

多媒体技术在思政课堂中的应用，极大地提高了学生的参与度。传统的课堂教学模式以教师讲授为主，学生被动接收知识，缺乏主动性和参与感；而多媒体技术的引入，为学生提供了更加直观、生动、多样化的学习体验，激发了他们探索知识、参与互动的热情。

在多媒体环境下，教师可以通过视频、动画、图片等形式呈现教学内容，将抽象的理论知识具象化，帮助学生建立直观的认知。同时，多媒体还能模拟各种情境，为学生创设身临其境的体验，使其加深对知识的理解和感悟。例如，在讲授革命先烈的事迹时，教师可以播放历史影像资料，让学生身临其境地感受革命者的崇高精神；在探讨社会热点问题时，教师可以引入新闻视频，引导学生进行分析和讨论。这种沉浸式的学习体验，能够充分调动学生的感官和思维，提高其学习兴趣和参与度。

多媒体技术还为师生互动、生生互动提供了广阔的平台。教师可以利用互动软件设计课堂问答、小组讨论等环节，鼓励学生积极发言、交流思想。在互动过程中，学生不仅能够表达自己的观点，还能倾听他人的思路，在思想的碰撞和交流中实现认识的升华。例如，教师可以设置一个与教学内容相关的讨论话题，让学生在线上平台发表看法，然后在课堂上组织学生分享、点评，引导学生深入思考。这种师生之间、生生之间的多向互动，打破了传统课堂的单向传递模式，让学生成为学习的主体，极大地调动了学习的主动性和参与性。

此外，多媒体技术还为学生的自主探究和合作学习提供了便利。教师可以在线上平台发布预习资料、拓展任务，引导学生课前自主学习；课后，学生还可以通过网络平台开展讨论交流、资源共享、协同完成项目任务等。在这个过程中，学生不仅掌握了知识、技能，更锻炼了自主学习、团队合作、问题解决等关键能力。

需要指出的是，多媒体技术虽然为学生参与和互动提供了广阔空间，但技术始终是手段，而非目的。教师在应用多媒体技术时，要避免盲目追求形式的新颖而忽视了教学内容的深度，要防止过度使用多媒体技术而减少师生面对面交流的机会。只有将先进技术与教学内容深度融合，才能真正发挥多媒体的优势，提升思政教学的针对性和实效性。

总之，多媒体技术在思政教学中的应用，极大地拓展了学生参与的广度和深度。它为学生提供了沉浸式的学习体验，搭建了师生互动、生生互动的广阔平台，为学生自主探究、合作学习提供了有力支持。

二、网络平台与思政教学的融合

（一）在线课程的设计

在线课程设计是高校思政教学与网络平台深度融合的重要体现。随着信息技术的迅猛发展，传统的思政教学模式已难以完全满足新时代大学生的学习需求。因此，积极探索在线课程的设计理念和实施路径，创新思政教学方式方法，已成为提升思政教学质量和实效性的关键所在。

系统梳理课程内容体系是设计优质在线思政课程的基础。思政课程内容涉及哲学、政治学、法学、历史学等多个学科领域，具有鲜明的综合性和跨学科特征。同时，思政教学又与社会现实紧密相连，必须紧跟时代步伐，回应现实问题。因此，在设计在线课程时，教师要立足思政教学的内在规律，遵循学生的认知发展特点，科学整合不同学科的知识，构建起系统完整、逻辑严密的课程内容体系。教师既要注重理论的系统性和深刻性，又要关注现实的针对性和时效性，做到“课程内容与社会实践相结合、与学生生活相结合、与未来职业相结合”。

合理运用现代信息技术手段是提升思政在线课程教学效果的关键。在线教学打破了传统课堂时空的限制，为思政教学插上了科技的翅膀。教师应充分利用在线教学平台的优势，创新教学组织形式和教学手段。例如，教师可以利用微课、慕课等形式，将思政课程内容切分为若干个知识点，制作成生动直观、简明扼要的教学视频，方便学生自主学习和反复观看。又如，教师可以运用VR、AR等技术，还原历史情境，模拟社会现象，让学生身临其境地感受思政教学内容，提高学生的学习兴趣和参与度。再如，教师还可以依托在线交流互动工具，与学生实时沟通，及时答疑解惑，加强师生互动和生生互动，营造良好的网络学习氛围。

精心设计教学活动是增强思政在线课程吸引力和感染力的有效途径。在线教学要克服"空洞化"倾向，避免成为简单的"信息堆砌"和"资源罗列"。教师应围绕课程目标和教学内容，精心设计教学活动，引导学生主动参与，促进学生知行合一。例如，教师可以设置一些议题讨论或案例分析任务，组织学生进行头脑风暴或小组合作，激发学生的批判性和创新性思维。又如，教师可以布置一些社会实践作业，如社区服务、社会调查等，指导学生将所学知识运用于解决实际问题，使其在实践中加深对理论的领悟，提升社会责任感。再如，教师还可以举办一些主题教育活动，如演讲比赛、征文竞赛、知识竞赛等，激励学生展示学习成果，提升学习自信。

建立科学的考核评价机制是保障思政在线课程教学质量的必然要求。在线教学要改变单一化的考核评价方式，建立过程性评价与终结性评价相结合、定量评价与定性评价相结合的综合评价体系。既要考查学生对思政理论知识的掌握程度，又要考查学生运用马克思主义立场、观点、方法分析、解决问题的能力；既要评价学生线上学习的投入度和参与度，又要评定学生线下实践的效果和感悟。同时，在评价主体上也要更加多元化，除教师评价外，还应重视学生自评、生生互评及第三方评价。唯有建立科学规范的考核评价机制，才能引导学生端正学习态度，调动学习积极性，确保在线课程教学不流于形式。

综上所述，在线课程已成为高校思政教学改革创新的前沿阵地。要设计出优质、高效的思政在线课程，必须立足思政教学规律和时代需求，加强顶层设计，优化教学内容，创新教学模式，改进教学方法，完善评价机制。这不仅是提升思政教学针对性和实效性的必然要求，更是推动高校思政工作守正创新、提质增效的必由之路。

（二）教学资源的共享

网络平台为教学资源的共享提供了前所未有的便利条件。在传统教学模式中，教学资源往往局限于教师个人或学校的藏书，难以实现跨区域、跨学科的共享和交流。然而，随着互联网技术的发展，尤其是教育信息化的深入推进，海量的教学资源可以通过网络平台得到充分整合和广泛传播。

一方面，网络平台打破了时空限制，使得优质教学资源可以突破地域界限，惠及更多学习者。教师可以利用网络平台建立资源库，将教学设计、课件、习题、案例等上传共享，供其他教师参考、借鉴。学生也可以根据自己的需求，自主获取相关资源，拓宽学习视野。这种资源共享不仅提高了教学效率，也促进了教育公平，缩小了区域差距。

另一方面，网络平台还有利于教师对不同学科、不同领域的教学资源进行整合，实现跨界融合与创新。在思政教学中，教师可以充分利用网络平台，将思政元素与其他学科知识有机结合起来，开发出富有吸引力和感染力的教学资源。例如，将思政内容与文学、历史、艺术等学科融合，开发思政微视频、动漫、音频等多样化资源，增强思政教学的趣味性和实效性。

此外，网络平台还为教师和学生提供了广阔的交流空间。教师可以通过网络平台分享教学心得，探讨教学难题；学生可以在网络平台上展示学习成果，开展讨论、交流。这种师生互动、生生互动的方式，有利于营造浓厚的学习氛围，激发学生的学习兴趣，提高学生的学习效果。

当然，教学资源共享也对教师提出了更高要求。教师不仅要具备开发优质教学资源的能力，还要学会利用网络平台进行资源管理和应用。这就需要教师与时俱进，积极学习现代信息技术，不断更新教学理念和方法，真正成为学习型、研究型、创新型教师。

同时，高校还应加强网络平台建设，为教学资源共享提供制度保障和技术支持。建立完善的资源审核、评价机制，确保共享资源的质量和安全；加强知识产权保护，维护教师的合法权益；完善平台功能，提升用户体验感，让共享更便捷、更高效。

总之，网络平台为教学资源共享开辟了广阔空间。在全媒体时代，高校思政课教师应充分认识并把握好这一契机，加强优质教学资源的开发与共享，不断创新教学模式与方法，切实提升思政教学的吸引力与实效性，为培养社会主义合格建设者和可靠接班人贡献智慧和力量。

（三）学习社区的构建

网络平台为高校思政教学提供了广阔的空间，大大拓展了教学的边界。教师可以利用网络平台搭建在线课程，将课堂教学内容以视频、音频、文档等多种形式呈现出来，供学生随时随地学习。这种教学资源的共享，打破了时间和空间的限制，使学生能够根据自己的学习进度和需求，灵活安排学习时间和节奏，真正实现了个性化、自主化学习。

与此同时，网络平台还为师生互动、生生互动提供了便利条件。教师可以通过在线答疑、在线讨论等方式，及时解答学生学习中遇到的问题，引导学生深入思考和探讨。学生也可以在网上与同学开展讨论和交流，分享学习心得，碰撞思想火花。这种跨时空的互动交流，不仅增进了师生之间、生生之间的情感，也有助于学生开阔视野，培养批判性思维和创新能力。

更为重要的是，网络平台为构建学习共同体奠定了基础。教师可以依托网络平台，组建学习小组，开展合作学习活动。学生通过分工合作完成学习任务，在讨论交流中加深对知识的理解，提高解决问题的能力。同时，学生在合作过程中还能够培养团队意识、沟通能力等，对于促进其全面发展具有重要意义。

此外，网络平台还为思政教学提供了海量的优质资源。教师可以充分利用网络资源，精心设计教学内容，创新教学方式方法。例如，可以将社会热点融入教学，引导学生关注社会现实，提高分析问题、解决问题的能力；又如，可以借助网络开展专题教学、案例教学，增强教学的针对性和实效性。这些做法不仅能够激发学生的学习兴趣，调动其主动性和积极性，更能增强思政课的吸引力和感染力，实现润物无声、春风化雨的教育效果。

需要注意的是，虽然网络平台为思政教学提供了广阔的空间和丰富的资源，但教师在教学设计和实施过程中，还需要充分考虑学生的认知特点和接受能力，注重线上线下相结合、课内课外相衔接，防止单纯追求形式而忽视了教学内容和教学效果。只有将先进的教育技术与思政教学的内在规律紧密结合，才能真正实现教学相长，落实立德树人的根本任务。

总之，网络平台是加强高校思政教学的重要抓手。教师应充分利用网络平台优势，不断创新教学模式、丰富教学内容、优化教学方法，为学生营造良好的学习环境和氛围。

三、移动终端对思政教学的支持

（一）移动学习的便捷性

移动学习的便捷性首先体现在学习时间和空间的灵活性上。借助移动终端，学生可以随时随地访问在线课程资源，利用碎片化时间进行学习。无论是在通勤途中、课间休息还是业余时间，只要手中有一部智能手机或便携式计算机，就可以轻松开启学习模式。这种不受时空限制的学习方式，极大地提高了学习效率，让学生能够更加自主地安排学习进度和节奏。

移动学习还大大拓宽了学生获取知识的渠道。除了教师提供的学习资料，学生还可以通过移动终端访问海量的网络资源，如在线文库、教学视频、学术论文等。这些资源涵盖了各个学科领域，信息丰富，时效性强，能够满足学生多样化的学习需求。学生可以根据自己的兴趣爱好和知识盲区，有针对性地选择学习内容，实现个性化、定制化的学习。移动终端强大的搜索功能，更让学生能够快速、精准地获取所需信息，大幅提升学习效率。

移动学习的便捷性还体现在师生互动的即时性和多样性上。借助移动通信技术，教师可以通过即时通信工具、社交平台等与学生进行实时交流，及时解答学生疑问，提供个性化指导。这种低门槛、高频次的互动模式，增进了师生之间的情感交流，拉近了彼此的心理距离。学生遇到问题时，不必等待面对面的交流机会，而是可以随时向教师寻求帮助，获得及时反馈。同时，移动学习平台还支持多人协作、在线讨论等互动形式，为学生提供了展示自我、相互启发的机会，有利于培养其表达能力和团队意识。

此外，移动学习还能够有效促进学生的自主性学习和探究性学习。移动终端强大的多媒体功能，如录音录像、拍照、扫描等，为学生的实践探究活动提供了便利。学生可以利用移动终端记录学习过程、开展调查研究、收集实践数据，并随时与他人分享学习成果。这种将知识应用于实践，并及时总结反思的学习方式，有助于学生加深对知识的理解和内化，提高学习效果。同时，移动学习平台丰富的学习资源和个性化推荐功能，也为学生的自主性学习提供了有力支持。学生可以根据自身需求，制订个人学习计划，选择适合自己的学习路径和节奏。这种自主性学习模式能够充分调动学生的学习积极性，培养其自学能力和独立思考能力。

移动学习正在深刻影响着当代大学生的学习方式和认知模式。其便捷性不仅体现在打破时空界限、拓宽知识获取渠道等方面，更在于促进师生互动的即时性和多样性，推动学生自主性学习和探究性学习的发展。高校思政课教师应顺应移动学习的发展趋势，主动适应和运用移动技术，创新教学模式和方法，为学生营造便捷、高效、个性化的学习环境。只有不断提升移动学习的应用水平，才能真正发挥其在思政教学中的独特优势，提高教学质量和育人实效。

（二）教学内容的即时性

移动终端的广泛普及为高校思政教学内容的即时更新提供了便捷途径。在信息技术飞速发展的时代，移动终端已经成为大学生获取信息、进行交流的主要载体。相比传统的教材和课堂讲授，移动终端能够更加快速、灵活地呈现思政教学内容，使学生能够第一时间了解社会热点、把握意识形态动态。

借助移动终端，教师可以实时推送时事政治、社会热点等内容，引导学生关注国内外形势，培养其家国情怀和使命担当。面对错综复杂的网络信息，教师还可以通过移动终端进行必要的辨析和引导，帮助学生明辨是非、坚定理想信念。同时，移动终端也为思政教学内容的创新提供了广阔空间。教师可以充分利用移动终端的多媒体功能，通过图文并茂、音视频等形式生动呈现教学内容，提高教学的吸引力和感染力。

基于大数据分析，教师可以根据学生的兴趣特点、学习需求，有针对性地推送相关教学内容，实现因材施教、精准教学。这种个性化的教学方式不仅能够提高学生的学习兴趣，更能促进其主动思考，加深对思政内容的理解和认同。

虽然移动终端为思政教学内容的即时更新提供了便利，但教师仍需加强对教学内容的把关和引导。一方面，要确保推送内容的思想性、针对性和时效性，紧密结合社会发展形势和大学生成长需要；另一方面，要加强与学生的互动交流，引导其对教学内容进行深入思考和讨论，并将其内化为自身修养。

移动终端的合理运用，必将推动高校思政教学内容的与时俱进、日新月异。教师应积极顺应信息化发展趋势，不断更新教学理念、创新教学方法，用青年学生喜闻乐见、易于接受的方式传递思政内容，增强思政教学的吸引力和感染力。

（三）学习反馈的及时性

移动终端的普及和智能化程度的不断提升，为高校思政教学提供了便捷、高效的反馈渠道。在移动学习模式下，学生可以随时随地通过智能手机、便捷式计算机等移动终端，与教师进行实时互动和交流。这种即时性的反馈机制，有助于教师及时了解学生的学习状态，发现并解决教学中存在的问题，从而有针对性地调整教学策略和方法。

具体而言，移动终端支持的即时反馈主要体现在以下几个方面。第一，学生可以通过移动终端随时提出问题或表达自己的观点，教师能够及时给予回应和指导。这种低延迟的交互方式，能够有效激发学生的学习兴趣，培养其主动思考和积极参与课堂互动的意识。第二，移动终端为学生提供了丰富的表达方式，如文字、语音、图片、视频等。学生可以根据自己的喜好和特点，选择最适合的方式来表达自己的想法，这有助于提高学生参与互动的积极性。第三，移动终端还能够支持多人同时参与的合作学习。学生可以通过移动终端组建学习小组，开展头脑风暴、案例分析等团队活动，在合作探究中相互启发、共同进步。

与此同时，移动终端还能够为教师提供丰富的教学反馈数据。教师可以利用移动终端记录学生的学习行为和表现，如学习时长、互动频次、测试得分等，并通过大数据分析技术挖掘其中隐藏的规律和特点。这些客观、真实的数据反馈，能够帮助教师全面诊断学情，优化教学设计，实现精准施教。例如，教师可以根据学生的个性化特点，推送有针对性的学习资源和任务，开展差异化的辅导和干预，从而提高教学的精准度和有效性。

此外，移动终端还为思政教学拓宽了反馈渠道，丰富了反馈形式。传统课堂教学主要依靠面对面的交流和书面作业来获取反馈，反馈的时效性和灵活性都相对有限；而移动终端则打破了时空限制，学生可以利用碎片化时间随时进行学习，并通过在线测试、互动讨论等方式及时获得反馈。同时，移动终端还能够支持情境化、游戏化的学习活动，增强学习体验的沉浸感和互动性，激发学生参与反馈的内在动机。

总之，移动终端为高校思政教学插上了腾飞的翅膀。学习反馈的即时性、便捷性、多样性显著提升，学生能够更加主动、积极地参与教学互动。教师也能够借助移动终端采集更加全面、客观的教学数据，为因材施教、精准教学提供可靠依据。

四、VR 技术在思政教学中的创新

（一）沉浸式学习体验

VR 技术的快速发展，为高校思政教学创新提供了全新的可能。VR 技术以更加直观、生动的沉浸式体验，打破了传统课堂的时空限制，为学生提供了其身临其境的学习场景。在 VR 环境中，学生可以全身心地投入虚拟情境之中，获得身临其境之感。这种沉浸式的学习体验，能够有效激发学生的学习兴趣，提高其参与度和主动性。

在 VR 场景中，学生不再是被动的知识接收者，而是学习过程的主动参与者和探索者。他们可以自主选择学习路径，与虚拟环境中的对象进行交互，通过亲身实践来构建知识体系。这种自主探索的过程，不仅有助于学生加深对知识的理解和掌握，更能培养其独立思考、动手实践的能力。VR 技术还能够为学生提供更加丰富、多元的学习资源。教师可以根据教学需要，设计各种逼真的虚拟场景，如革命历史现场、爱国主义教育基地、社会主义现代化建设成就展等。学生在这些场景中进行探索和互动，能够获得更加直观、深刻的认知体验，加深对相关知识的理解和认同。

此外，VR 技术还为思政教学提供了更多创新的可能。教师可以利用 VR 平台开展角色扮演等体验式教学活动，引导学生在虚拟情境中进行价值判断和决策，提高其分析问题、解决问题的能力。学生也可以利用 VR 技术进行自主学习和探究，开展项目化、问题化的学习，培养创新意识和实践能力。

当然，VR 技术在思政教学中的应用也面临着一些挑战。一方面，高质量的 VR 教学资源开发需要较长的时间和较多的经费投入，对教师的技术素养也提出了更高要求。另一方面，VR 教学不能完全取代传统课堂，二者应该相互补充、有机结合。教师需要根据教学内容和学生特点，合理设计教学活动，避免因过度使用 VR 技术而使其沦为形式主义。

VR 技术以其独特的优势，为高校思政教学创新提供了广阔的空间。沉浸式的学习体验、自主探索的学习方式、丰富多元的学习资源，都为提升思政教学质量和吸引力提供了新的可能。在新时代背景下，高校应积极顺应信息技术发展趋势，大胆探索 VR 技术在思政教学中的应用，不断推进教学方式方法的创新，为学生成长成才提供更加优质的教育资源和学习体验。只有不断深化教育教学改革，积极运用现代信息技术手段，才能真正增强思政课的亲和力和针对性，实现立德树人的根本任务。

（二）虚拟场景的构建

虚拟场景是 VR 技术在教学中应用的重要体现。通过构建逼真的虚拟环境，教师可以为学生提供沉浸式的学习体验，帮助其直观地理解抽象概念、掌握复杂知识。在高校思政教学中，虚拟场景的构建对于增强教学吸引力、提高教学效果具有重要意义。

从知识理解的角度来看，虚拟场景能够为学生提供多感官、多维度的信息输入，促进其对知识的深入理解和牢固掌握。例如，在学习五四运动这一历史事件时，教师可以利用 VR 技术还原当时的历史场景，让学生身临其境地感受那个时代的社会风貌和历史人物的精神气质。学生不仅能够看到历史人物的形象，聆听他们慷慨激昂的演讲，还能亲身体验游行示威的场景，感受爱国主义的热情和力量。这种沉浸式的学习方式能够调动学生的多种感官，激发其学习兴趣，使其加深对历史知识的理解和认同。

从能力培养的角度来看，虚拟场景有助于培养学生的实践能力和创新意识。

在虚拟场景中，学生可以自主探索、积极尝试，将理论知识运用到具体情境中，提高分析问题、解决问题的能力。同时，教师还可以设置开放性任务，鼓励学生发挥想象力，提出创新方案。例如，在学习社会主义核心价值观时，教师可以构建一个虚拟社区，让学生扮演社区工作者的角色，运用所学知识化解矛盾、促进和谐。在这个过程中，学生不仅能够加深对社会主义核心价值观的理解，还能提升协调沟通的能力和创新思维。

从情感态度的角度来看，虚拟场景能够营造身临其境的代入感，引发学生情感共鸣，培养其正确的价值观念。例如，在学习“脱贫攻坚”专题时，教师可以利用 VR 技术再现贫困地区的真实状况，让学生切身体验我国脱贫攻坚取得全面胜利之前贫困群众的艰难生活。通过与虚拟人物的互动交流，学生能够与之共情，增强社会责任感，坚定为人民服务的信念。这种沉浸式的情感体验远胜于枯燥乏味的说教，更能唤起学生的道德情操，塑造其高尚品格。

此外，虚拟场景的构建还有利于实现教学资源的优化配置和共享开放。利用 VR 技术，高校可以打破时空限制，为不同地区、不同层次的学生提供优质教学资源。学生不必亲临现场，即可透过虚拟场景领略名胜古迹、参观红色教育基地，接受熏陶和感染。这种泛在化、均等化的学习方式，为实现教育公平、促进高校思政教学创新提供了有力支撑。

总之，虚拟场景在高校思政教学中具有不可替代的独特价值。它能够为学生提供沉浸式的情感体验、知识理解和能力培养，激发其学习兴趣，深化其价值认同。作为一种先进的教学手段，虚拟场景既丰富了教学形式，又拓宽了教学内容，为新时代思政教学注入了勃勃生机。

（三）实践能力的提升

VR 技术在教学中的应用，不仅能够增强学生的沉浸式体验，激发学习兴趣，更为重要的是，它为学生提供了一个开放性的实践平台，有利于培养学生的动手能力、探究能力和创新能力。

在虚拟场景中，学生可以通过亲身体验和实际操作，将抽象的理论知识转化为具体的感性认识。这种沉浸式的学习方式，能够帮助学生更直观、更深入地理解所学知识，构建起完整的认知框架。同时，VR 技术还为学生提供了一个安全、可控的实践环境，使其能够反复演练、不断尝试，在实践中巩固知识、提升技能。这对于培养学生的实践能力具有重要意义。

此外，VR 技术的交互性和可塑性，为学生的创新实践提供了广阔空间。在虚拟场景中，学生可以自主设计实验方案、构建模型、开展探究性学习。这一过程不仅能够锻炼学生的逻辑思维和动手能力，更能培养其敢于尝试、勇于创新的科学精神。通过VR技术支持下的创新实践，学生能够在探索未知、发现问题、解决问题的过程中，感受创新的乐趣，树立创新自信。

VR技术在教学中的应用，还有助于突破传统教学模式的局限，实现个性化、差异化的能力培养。传统的实践教学往往受到场地、设备、安全等因素的制约，难以满足学生多样化的学习需求；而VR技术则可以根据不同学生的特点和需求，提供个性化的实践任务和学习支持，使每个学生都能够在实践中得到充分的发展。这种因材施教的教学模式，更加符合学生的成长规律，有利于发挥每个学生的潜能。

当然，VR技术在实践能力培养中的应用，也面临着一些挑战。一方面，虚拟场景毕竟与现实世界存在差异，学生在虚拟场景中习得的知识和能力，能否有效迁移至现实情境，还有待进一步研究和验证。另一方面，VR设备的成本和技术门槛相对较高，在推广应用时可能会受到一定限制。因此，在VR技术的教学应用中，既要充分发挥其优势，又要注重与实际生活和工作的衔接，合理设计教学内容和活动，提高学生能力迁移和运用的有效性。

总之，VR技术在思政课实践教学中的应用，为学生能力培养开辟了新的路径。它不仅能够增强学生的沉浸式体验，提高其学习兴趣，更能够为学生提供开放性的实践平台，使其在创新实践中培养动手能力、探究能力和创新能力。

五、社交媒体对思政教学互动性的提升

（一）交流的多样化

社交媒体为高校思政教学提供了多样化的交流平台，极大地拓展了师生互动的渠道。在社交媒体时代，微博、微信、QQ等应用已经深入渗透到大学生的日常生活中，成为其获取信息、表达观点、交流互动的重要工具。这些平台打破了传统课堂的时空限制，让师生交流不再局限于课堂内，而是可以随时随地、即时便捷地进行。

借助社交媒体，教师可以与学生建立更加密切、平等的关系。通过微信群、QQ群等，教师能够及时发布教学信息、分享学习资源、解答学生疑问、引导学生讨论。这种即时、互动的交流方式有助于拉近师生距离，营造轻松愉悦的学习氛围。学生也可以通过社交媒体表达自己的想法，分享学习心得，与教师和同学积极互动。在这个过程中，学生的主体地位得到充分尊重，其学习积极

性和参与度也大大提高。

社交媒体还为思政教学提供了丰富多元的交流方式。在微博、微信等平台上，文字、图片、音频、视频等多媒体元素可以灵活运用，使得思政教学内容更加生动鲜活。教师可以制作微视频等形式新颖的教学资源，激发学生兴趣；也可以借助话题讨论、在线投票等互动工具，调动学生参与热情。学生则可以通过制作海报、视频日志（Vlog）等方式，创造性地表达自己对思政话题的理解和见解。多元化的表达方式激发了学生的创造力，丰富了思政教学的形式和内容。

此外，社交媒体还有利于思政教学实现跨校、跨地区的交流与合作。通过社交网络，不同高校的思政课教师可以加强联系，分享教学经验，共同开展教研活动；高校也可以帮助学生跨校、跨地区组建学习小组，开展主题研讨、在线辩论等活动。这种交流合作打破了地域限制，实现了优质教育资源的共享，提升了思政教学的整体水平。

当然，社交媒体给思政教学带来便利的同时，也存在一些问题和挑战。在开放、自由的网络空间中，不良信息和错误观点可能对学生产生负面影响。教师需要加强引导，帮助学生辨别信息，使其树立正确的价值取向。同时，社交媒体交流的随意性、碎片化特点也可能削弱教学的系统性和严肃性。教师应把握分寸，在活跃气氛与严谨教学之间找到平衡，以教学目标为导向开展线上互动。

社交媒体作为新时代大学生交流互动的重要阵地，为高校思政教学创新提供了广阔空间。多样化的交流平台拉近了师生间的距离，活跃了教学气氛；多元化的交流方式激发了学生创造力，丰富了教学内容；跨校、跨地区的交流合作实现了资源共享，提升了教学水平。高校要积极运用社交媒体开展教学活动，创新教学模式，提高教学实效，同时正视其局限性，加强教学引导，优化教学设计，最大限度地发挥社交媒体在高校思政教学中的积极作用。

（二）学习讨论的开放性

社交媒体为高校思政教学提供了一个开放、互动、多元的讨论平台，极大地拓展了思政教学的时空维度。在社交媒体上，师生可以打破时间和地点的限制，随时随地开展学习讨论。这种便捷灵活的交流方式，有利于调动学生参与的积极性，激发其表达和分享的欲望。

与传统课堂相比，社交媒体营造了一个更加平等、包容的讨论氛围。在这里，每个人都可以自由地发表观点、提出疑问，不必担心权威的压力或评判的目光。

这种开放性、去中心化的特点，有利于形成多元观点的交锋与碰撞，促进思想的深度交融。学生在讨论中不仅能够吸收他人的智慧、拓宽自己的视野，更能通过表达和论辩来梳理、深化自己的认知。

社交媒体还为思政教学引入了海量的信息资源。教师可以利用社交媒体分享丰富的学习材料，如文章、视频、案例等，为学生提供更加立体、生动的学习体验。学生也可以根据自己的兴趣，主动搜寻、筛选相关信息，与他人分享交流。在这个过程中，学生的信息素养和自主学习能力得到锻炼和提升。

此外，社交媒体还能够扩大思政教学的影响力和辐射面。优秀的思政学习讨论内容可以通过转发、点赞等方式迅速传播，吸引更多的师生关注和参与。这不仅有利于营造浓郁的学习氛围，更能够推动思政教学从课堂走向社会，让思政教学真正融入学生的生活世界。

但是，社交媒体的开放性也可能带来一些负面影响，如信息真实性难以鉴别、讨论容易失焦等。为了更好地发挥社交媒体在思政教学中的优势，教师应加强引导、提供规范，营造理性、深入、高质量的讨论氛围。同时，还要提高学生的媒介素养，引导其学会甄别信息、理性表达、文明交流。

总之，社交媒体为高校思政教学开辟了一片广阔的天地。在开放、互动、多元的讨论中，师生共同开启了一段精彩的思想之旅。教师应顺应时代潮流，积极利用社交媒体这一平台，创新教学模式，提升教学实效。

（三）教学反馈的即时性

社交媒体在高校思政教学中的应用，为教师提供了即时获取学生反馈的渠道。在传统思政教学模式下，学生的反馈往往局限于课堂提问和作业，教师难以全面、及时地了解学生的学习状况和思想动态；而社交媒体打破了时空限制，使师生互动更加便捷和频繁。教师可以通过社交媒体平台发布教学内容、布置作业，学生则可以随时随地提出问题、分享感悟。这种即时性的反馈有助于教师及时调整教学策略、因材施教。

社交媒体还为学生提供了表达观点、交流思想的平台。在社交媒体上，学生可以就思政课程内容展开讨论，分享自己的见解和体会。这种开放、平等的交流氛围有利于激发学生的思辨意识，培养其勇于发表意见、尊重他人观点的品质。同时，学生在交流中也能够加深对课程内容的理解，形成更加成熟、理性的思想认识。教师通过观察学生在社交媒体上的表现，能够更加立体、全面地了解其思想状况，从而有针对性地开展教育引导。

总之，社交媒体为高校思政教学反馈的即时性提供了有力支撑。教师应积极利用社交媒体，创新教学模式，增进师生互动，丰富教学资源。同时，教师也要高度重视社交媒体可能带来的负面影响，加强引导，促进学生健康成长。只有不断探索社交媒体在教学中的有效应用，才能真正实现思政教学的时代化、生活化，增强教学的吸引力和感染力，培养学生成为德智体美劳全面发展的社会主义建设者和接班人。

第四章　全媒体时代高校思政教学理念创新

本章主要介绍全媒体时代高校思政教学理念创新，围绕全媒体时代高校思政教学理念创新的必要性、全媒体时代高校思政教学理念创新策略等两方面展开论述，旨在通过创新教学理念，引领思政教学向更加高效、互动、个性化的方向发展，提升思政教学的吸引力和实效性。

第一节　全媒体时代高校思政教学理念创新的必要性

一、高校思政教学理念创新的时代需求

（一）适应信息化社会的发展趋势

在信息技术飞速发展的今天，高校思政教学必须主动适应信息化社会发展的新要求。当前，互联网、大数据、人工智能等现代信息技术深刻改变着人们的生产生活方式，也为高校思政教学插上了腾飞的翅膀。面对海量信息和快速迭代的知识体系，教师更需要转变教学理念，创新教学内容、教学方法和评价方式，利用信息技术手段为学生提供个性化、智能化的学习体验。

信息技术为思政教学内容的创新提供了广阔空间。借助网络平台，教师可以将最新的理论成果、社会热点、典型案例引入课堂，使教学内容更加贴近学生生活，从而引发学生共鸣。通过建设在线课程、微课程等数字化教学资源，教师还可以打破时空限制，为学生提供随时随地的学习机会。同时，大数据分析技术让教师能够精准把握学生的学情，因材施教，实现教学内容的精准推送。这些都有助于增强思政教学的吸引力和感染力，激发学生的学习兴趣和主动性。

信息技术也为思政教学方法的革新提供了有力支撑。运用 VR、AR 等技术，

教师可以创设沉浸式、交互式的学习情境，让学生身临其境地感受红色文化、革命传统的熏陶。通过开展网上主题讨论、头脑风暴等互动活动，教师可以让学生平等交流、碰撞思想，在合作探究中加深对理论的理解和认同。借助学习分析技术，教师还可以实时了解和掌握学生的学习行为和思想动态，及时调整教学策略，提供有针对性的指导和帮助。这些新颖的教学方法不仅调动了学生参与的积极性，更有利于培养其批判性思维和创新能力。

信息技术还为思政教学评价的多元化提供了有效途径。传统的思政教学评价过于注重结果，忽视了过程，难以全面反映学生的成长变化；而在信息化环境下，学生在线学习、互动、讨论、作业的全过程数据都可以被记录和分析。通过构建学习行为画像，综合考量学生的知识、能力、情感等多维度表现，教师可以客观诊断学生的思想状况，科学评价教学效果。学生也能及时获得个性化的反馈，明确自身的优势和不足，从而调整学习策略、改进学习方法。这种多元化的过程性评价方式更加注重学生的内在成长，有利于思政教学完成立德树人的根本任务。

（二）满足学生的个性化需求

全媒体时代，学生的个性化需求日益突出，这对高校思政教学理念的创新提出了新的挑战和要求。随着信息技术的飞速发展，当代大学生的学习方式、思维模式都发生了深刻变革。他们不再满足于被动接受灌输式的说教，而是渴望参与互动、表达自我，实现个性化发展。面对这一现实，高校思政教学必须主动适应学生多样化、个性化的需求，在教学内容、教学方式等方面进行创新，并注重学生的主体地位，方能增强教学的针对性和实效性。

1. 教学内容

从教学内容看，多元化与个性化并重。在全媒体时代，高校思政教学的内容应当更加紧密地结合学生的兴趣爱好、专业特点及成长需求，提供丰富、多元的教学资源，实现因材施教。这不仅是对传统教学模式的超越，更是对思政教学本质的深入挖掘和拓展。

首先，教师要立足马克思主义基本原理，将思政教学与学生所学专业紧密结合，使思政教学不再是空洞的说教，而成为学生学习专业知识过程中的精神引领和价值导向。例如，在法学专业的教学中，可以通过分析法律案例，引导学生理解法治精神与社会公正；在经济学专业的教学中，可以结合经济发展实际，探讨社会主义市场经济体制下的道德伦理与责任担当。这种结合专业特点的思政教学，不仅有助于学生树立正确的世界观、人生观、价值观，还能提高他们的专业素养和综合能力。

其次，教师还应深入了解学生的实际需求，针对他们在学习、生活、就业等方面遇到的困惑和问题，提供有针对性的指导和帮助。这要求教师不仅要具备扎实的思政理论知识，还要具备广泛的社会知识和人生经验，能够成为学生成长道路上的良师益友。例如，针对大学生就业难的问题，教师可以邀请优秀校友或行业专家进行就业指导讲座，分享求职经验和职业规划建议；针对学生学习压力大的问题，则可以开展心理健康教育活动，帮助他们学会自我调适和压力管理。

最后，高校思政教学还应充分利用信息化手段，整合优质教育资源，为学生提供个性化、智能化的学习体验。随着互联网技术的不断发展，慕课、微课等新兴教学方式应运而生，为思政教学提供了更加广阔的空间和更加灵活的形式。教师可以通过这些平台，发布教学视频、课件、案例等学习资源，让学生根据自己的兴趣和需求进行自主学习。同时，教师还可以运用大数据技术，对学生的学习行为进行分析和挖掘，了解他们的学习偏好和学习难点，从而为其提供更加个性化的学习建议和资源推送。这种基于数据分析的个性化教学，不仅能够提高学生的学习效率和学习效果，还能激发他们的学习兴趣和学习动力。

2. 教学方式

从教学方式看，高校思政教学应积极探索互动式、参与式、体验式教学，让学生成为教学过程的主体和参与者。

鼓励互动与表达，激发思想碰撞。首先，教师要改变“一言堂”的授课方式，通过设置提问、讨论、辩论等环节，鼓励学生表达观点、碰撞思想。在互动过程中，教师要尊重学生的不同意见和看法，引导他们进行理性思考和深入探讨。例如，在思政课堂上，教师可以设置一些具有争议性的话题，让学生分组进行讨论或辩论，通过观点的交锋和思想的碰撞，帮助他们拓宽视野、深化认识。同时，教师还要注重师生之间、生生之间的情感交流，通过平等对话、谈心谈话等方式，拉近自己与学生之间的距离，增进彼此间的理解和信任。这种情感上的沟通和交流，不仅能够使教学氛围更加和谐融洽，还能激发学生的学习兴趣和学习热情。

注重实践体验，强化理想信念。高校思政教学还应重视社会实践和志愿服务，引导学生走出课堂、深入基层，在服务他人、奉献社会的过程中坚定理想信念、厚植家国情怀。社会实践是思政教学的重要组成部分，也是学生成长成才的重要途径。通过参与支教、社会调查等实践活动，学生可以亲身体验社会现实，增强社会责任感和使命感。例如，教师可以组织学生参加支教活动，让他们在与孩子的互动中感受教育的力量和意义；也可以带领学生参加环保志愿服务活动，让他们在实践中体会环境保护的重要性和紧迫性。这些实践活动不仅能够锻炼学生的实践能力和团队合作能力，还能使他们深化对思政理论知识的理解和认同。

创新教学形式，丰富教学体验。除传统的课堂教学外，高校思政教学还可以尝试其他多种形式的教学方式，如模拟教学法、案例教学法等。这些教学方式能够为学生提供更加直观、生动的学习体验，使他们在参与和体验中领悟思政教学的真谛。例如，在讲述社会主义核心价值观时，教师可以通过模拟情境的方式，让学生扮演不同的社会角色，在模拟的情境中体会和践行社会主义核心价值观；在分析社会热点问题时，则可以运用案例分析的方法，引导学生深入剖析问题本质和其背后的价值观念。这种多样化的教学方式不仅能够满足学生的个性化需求，还能提高他们的学习积极性和参与度。

3. 学生的主体地位

在全媒体时代，高校思政教学还应更加重视学生的主体地位和价值诉求，激发他们的内在动力和学习热情。只有当学生真正成为教学过程的主体和参与者时，思政教学才能真正走进他们的心里，引导他们树立正确的世界观、人生观和价值观。

首先，教师要树立以学生为本的教育理念，关注学生的个性特点和发展需求，因材施教，让每一个学生都能得到最大限度的发展。这要求教师不仅要了解学生的学习状况和学习需求，还要关注他们的兴趣爱好、性格特点、家庭背景等个体差异，为他们提供个性化的教学服务和指导。同时，教师还要尊重学生的选择和决定，鼓励他们根据自己的兴趣和特长进行学习和发展。这种以学生为本的教育理念不仅能够增强学生的自信心和自尊心，还能激发他们的学习动力和学习潜力。

其次，教师还要充分发挥学生的主观能动性，鼓励其参与教学设计、教学评价等环节，增强其获得感和认同感。在教学设计过程中，教师可以邀请学生参与课程内容的制定和教学形式的选择，让他们根据自己的需求和喜好来安排学习进程。在教学评价过程中，则可以采用学生自评、生生互评和教师评价相结合的方式，让学生参与评价过程，了解自己的学习情况和学习成果。这种参与式的教学设计和评价方式不仅能够提高学生的自主性和创造性，还能增强他们的责任感和归属感。

最后，高校思政教学还要注重挖掘学生的内在潜力，帮助他们树立远大理想，坚定人生信念。教师要用心去发现每一个学生的闪光点，给予积极鼓励和引导，让学生感受到被尊重、被认可。同时，教师还要通过讲述成功人士的成长经历、分享行业精英的奋斗历程等方式，激励学生树立远大的志向和目标。同时，教师还要帮助他们制订切实可行的行动计划和实施方案，引导他们一步步走向成功。这种以理想为引领的思政教学不仅能够激发学生的内在动力和奋斗精神，还能培养他们的责任感和担当意识。

（三）提升教学效果

全媒体时代的到来为高校思政教学提供了前所未有的机遇，同时也对传统教学模式提出了严峻挑战。面对日新月异的信息技术和学生多元化的学习需求，高校思政教学理念必须主动求变、勇于创新，方能激发学生的学习热情，提升教学效果。

创新教学内容是提升高校思政教学效果的关键所在。在全媒体环境下，大量生动鲜活的时政热点、社会现象可以作为教学素材，为思政教学注入新的活力。教师应紧密结合社会发展和学生实际，优选教学内容，将抽象的理论知识转化为具体的案例分析，引导学生运用马克思主义立场、观点、方法分析和解决实际问题。同时，教师还应积极拓展教学内容的广度和深度，将中华优秀传统文化、革命文化和社会主义先进文化融入其中，增强思政课的亲和力和感染力，引导学生坚定理想信念，厚植爱国主义情怀。

创新教学方法是激发学生学习兴趣、提升思政教学效果的有效途径。在信息技术快速发展的今天，高校思政教学必须主动适应“互联网+”时代特点，积极运用信息化教学手段，探索线上线下相结合的混合式教学模式。一方面，教师可以利用微课、慕课、直播等形式开展线上教学，打破时空限制，扩大优质教学资源的辐射面。另一方面，教师应充分利用社会实践等方式开展线下教学，引导学生在实践中感悟真理、坚定信念。同时，教师还应注重因材施教，针对学生的认知特点和接受习惯，灵活运用案例式、研讨式、体验式等多元化教学方法，激发学生的参与热情，实现教学相长。

创新教学评价是衡量高校思政教学效果、推动教学改革的重要抓手。传统的思政课程考核评价侧重于知识考查，难以全面反映学生的学习效果。为了突破这一局限，高校应积极完善思政课程考核评价体系，将过程性评价和终结性评价相结合，全面考查学生的知识、能力和素养。一方面，教师可以通过随堂测试、课堂发言、小组合作等形式，动态记录学生的学习表现，及时发现问题、改进教学。

另一方面，教师可以通过论文写作、开展调研等方式，引导学生综合运用所学知识分析问题、解决问题，考查其理论素养和实践能力。与此同时，还应将教师评价、生生互评、社会评价等多元主体纳入考核评价体系中，形成多维度的评判标准，既注重结果，也关注过程，有助于激发学生的主体意识，调动其学习积极性。

总之，全媒体时代呼唤着高校思政教学理念和模式的创新变革。面对新形势、新挑战，高校思政教育工作者必须准确把握时代脉搏，立足教学规律，创新教学内容，改进教学方法，完善教学评价，不断增强思政教学的针对性和实效性。

二、学生思维方式变化对教学理念的挑战

（一）增强批判性思维

在全媒体时代，批判性思维能力的培养尤为重要。伴随着信息技术的迅猛发展，学生接收信息的渠道日益多样化，获取知识的方式也发生了深刻变革。海量的信息像潮水一般涌来，如何在纷繁复杂的信息中甄别真伪、提炼精华，已经成为当代大学生必须掌握的关键能力，而批判性思维恰恰能够帮助学生理性看待问题、独立思考、做出正确判断。

批判性思维是一种理性思考的能力，它要求个体基于客观事实和逻辑推理，对信息的准确性、可靠性进行分析和评估，从而形成自己的见解和结论。在信息爆炸的时代，这一能力显得尤为宝贵。面对铺天盖地的信息，学生如果缺乏批判性思维，很容易被表象迷惑，被谣言蒙蔽，做出错误判断。相反，如果学生具备敏锐的洞察力和缜密的逻辑思辨能力，就能透过现象看本质，去伪存真，从而获得真知灼见。

培养学生的批判性思维，需要高校思政教学不断创新理念、与时俱进。传统的说教式、灌输式教学很难激发学生的主动性和创造性，更难以培养其独立思考能力。教师只有转变教学理念，以学生为中心，注重启发、诱导，才能真正点燃学生的思维火花。教师应该创设开放、民主的课堂氛围，鼓励学生畅所欲言、勇于质疑。通过设置富有挑战性的问题情境，教师可以引导学生从多个角度分析问题，提升其批判性思维能力。

同时，培养学生的批判性思维还需要加强实践教学。理论与实践相结合，才能让学生真正掌握批判性思维的方法，将其内化为自身的思维品质。教师可以创新实践教学形式，通过专题调研、案例分析、课题研究等方式，引导学生运用批判性思维分析现实问题。在问题导向的实践探究中，学生能够学会搜集和甄别信息，理性分析问题的前因后果，提出自己的看法和对策。这不仅有助于巩固批判

性思维能力，更能提升学生解决实际问题的综合素质。

此外，培养学生批判性思维的过程，也是塑造其价值观念、提升人文素养的过程。批判性思维不仅仅是一种思维技能，更蕴含着理性、平等、包容等人文精神。在培养学生批判性思维的同时，教师还应引导学生树立正确的世界观、人生观和价值观，并引导学生崇尚科学，追求真理，以开放包容的心态看待世界，用人文关怀的情怀体察社会。

（二）提升信息选择能力

在全媒体时代，学生的信息选择能力特别重要。面对海量的信息资源，学生不再是被动的接收者，而是主动的探索者和建构者。他们需要根据自身需求和兴趣，有目的、有选择地获取信息，并对信息的真实性和可靠性进行辨析和评判。这种信息选择能力的提升，既是时代发展的必然要求，也是学生自主学习、创新发展的重要基础。

信息技术的迅猛发展为学生提供了丰富多元的信息获取渠道。互联网、移动终端等新兴媒体的普及，使得学生可以随时随地接触各种类型的信息资源，如文字、图片、音视频等。面对如此海量的信息，学生必须具备较强的信息甄别和筛选能力，才能从中获取对自身学习和发展有益的内容。这就要求学生养成主动思考的习惯，学会运用批判性思维，对信息的来源、内容、观点等进行分析和评价，去伪存真、去粗取精。

同时，信息选择能力的提升也为学生的个性化学习提供了可能。在传统教育模式下，学生往往是被动地接收教师传授的知识，缺乏自主探索的机会；而在信息时代，学生可以根据自己的兴趣爱好、认知特点，主动选择适合自己的学习资源和学习路径。这种个性化、选择性的学习方式，不仅能够激发学生的学习动机，提高学生的学习效率，更有利于学生潜能的发挥和创造力的培养。

当然，信息选择能力的提升也对学生提出了更高的要求。在信息泛滥的时代，学生面临着信息真伪难辨、良莠不齐的挑战。一些虚假、低俗、有害的信息，可能会对学生的身心健康和价值观念产生负面影响。因此，教育工作者有必要加强对学生信息素养的培养，引导其树立正确的信息意识，掌握必要的信息技能，提高对不良信息的免疫力。

总之，信息选择能力已经成为全媒体时代学生必备的素质之一。它不仅关乎学生的学习效果和发展潜力，更关乎学生的全面素质和终身发展。作为教育工作者，应该顺应时代发展，创新教育理念和方式，为学生营造良好的信息环境，提供必要的指导和帮助，使其成为具备较强信息选择能力的时代新人。

（三）提高自主学习能力

在全媒体时代，高校思政教学面临着前所未有的机遇和挑战。伴随着信息技术的飞速发展，学生获取知识的途径日益多元，思维方式也发生了深刻变革。传统的“满堂灌”式教学已难以满足学生日益增长的个性化学习需求，更无法充分调动其学习的主动性和创造性。面对这一现实，思政课教师必须主动作为、与时俱进，努力提高学生的自主学习能力，方能切实提升教学质量，落实立德树人的根本任务。

学生自主学习能力的提高，是全媒体时代高校思政教学创新的必然要求。自主学习强调学生在教师指导下，以自我需求为导向，自觉运用已有知识经验，通过独立思考、自我管理来实现既定学习目标。它突出了学生学习的主体地位，强调其在学习过程中的能动性和创造性。在信息技术高度发达的今天，海量的思政教学资源唾手可得，学生完全有条件根据自身特点和需求，制订个性化的学习计划，选择适合自己的学习方式和进度。教师要充分顺应这一趋势，树立以学生为中心的教学理念，不断创新教学模式，为学生自主学习营造良好环境，提供必要引导。

为有效提升学生的自主学习能力，思政课教师首先要加强学习方法和技能的指导。许多学生尽管有着较强的学习意愿，但受制于学习方法不当，常常事倍功半。教师应着力培养学生运用思维导图、读书笔记、小组讨论等多种方式，提炼、梳理并内化所学知识，并引导其合理运用检索工具，从浩瀚的信息海洋中甄别、筛选高质量的学习资源。其次要注重发展学生的元认知能力。元认知是指个体对自身认知过程的认知，以及在此基础上对认知过程实施的监控和调节。教师应引导学生主动反思自己的学习过程，及时评价学习效果，以调整、优化学习策略，从而逐步掌握自我管理、自我教育的方法。最后要重视培养学生的批判性和创新性思维。面对纷繁复杂的网络信息，学生必须具备独立思考、明辨是非的能力。教师要鼓励学生在学习中勇于质疑、善于思辨，敢于突破思维定式，提出新颖独到的见解。

提高学生自主学习能力，是一个循序渐进、潜移默化的过程。它对教师的教学理念、知识储备、引导艺术等方面都提出了更高要求。教师要主动适应信息技术发展新常态，不断更新教学理念，丰富专业知识，提升教学能力，真正成为学生自主学习的引路人。教师只有率先更新理念、掌握方法，才能更好地指导学生开展自主学习，不断提升其思政素养。

总之，为实现全媒体时代高校思政教学创新，教师必须高度重视学生自主学习能力的培养。教师要充分认识其重要性和紧迫性，转变教学理念，创新教学模式，在知识传授与能力培养、价值引领与行为养成之间找到平衡，为学生的全面发展提供坚实保障。

第二节　全媒体时代高校思政教学理念创新策略

一、跨媒体资源整合策略

（一）资源共享机制

资源共享机制是全媒体时代高校思政教学理念创新的重要举措。在信息技术飞速发展的当下，如何整合多元化的教学资源，实现跨平台、跨领域的资源共享，已经成为思政教育工作者亟须解决的现实问题。

事实上，高校思政教学资源具有多样性和异质性的特点。一方面，思政教学内容涵盖了马克思主义基本原理概论、中国近现代史纲要、思想道德修养与法律基础、形势与政策等多门课程，每门课程都有其独特的知识体系和教学要求。另一方面，随着信息技术的广泛应用，思政教学资源的呈现方式日益多元，除了传统的教材、讲义等纸质资源，还涌现出大量的音视频素材、数字化案例、网络课程等数字资源。如何将这些异质性资源有机整合，实现资源的最优配置和最大化利用，是构建资源共享机制的关键所在。

建立统一的资源管理平台是推动资源共享的基础。高校应充分利用现代信息技术，搭建集资源发布、检索、下载等功能于一体的综合性资源管理平台。一方面，鼓励教师将优质教学资源上传至资源管理平台，实现资源的集中存储和统一管理。另一方面，为教师提供便捷的资源检索和下载渠道，促进优质资源在更大范围内的传播和应用。

同时，资源管理平台还应具备数据统计、用户评价等功能，以便教师及时跟踪资源的使用情况和教学效果，为后续的资源建设提供决策参考。统一的资源管理平台不仅能够提高资源利用效率、节约教学成本，更有利于打破院系壁垒，促进跨学科、跨专业的交流与合作。

完善资源共享激励机制是调动教师参与热情的有效途径。一方面，高校应将资源共享情况纳入教师绩效考核体系，将资源的数量、质量、共享度等指标作为评价教师教学工作的重要依据。同时，对于资源共享绩效突出的教师给予相应的物质奖励和荣誉表彰，以此激发教师主动分享优质资源的动力。另一方面，高校还应积极营造开放、包容的资源共享文化氛围。通过开展专题培训、经验交流等活动，高校可以帮助教师转变教学理念，增强资源共享意识，推动形成“资源共享、共同提高”的价值共识。只有构建起科学合理的激励机制，才能最大限度地调动教师参与资源共享的积极性，为资源共享机制的有效运行奠定坚实基础。

健全资源共享制度体系是提升教学质量的必然要求。高校应将资源共享上升至学校层面，纳入思政教学改革的顶层设计和整体规划之中。一方面，要明确资源共享在思政教学中的重要地位，将其作为提升思政教学质量、推进思政教学创新的重要抓手。另一方面，要健全相关制度规范，从资源建设、管理、共享、评价等环节入手，理顺工作机制，明晰责、权、利关系。同时，高校还应加强组织领导，成立专门的资源共享工作小组，统筹协调资源共享工作，定期开展工作督导和绩效评估，确保资源共享工作落到实处、见到实效。唯有从制度层面保障资源共享工作的规范有序开展，才能真正发挥资源共享在思政教学创新中的引领作用。

综上所述，构建资源共享机制是满足全媒体时代要求、深化高校思政教学改革的必然选择。统一的资源管理平台、完善的资源共享激励机制、健全的资源共享制度体系，是资源共享机制得以有效运行的三大支柱。只有立足思政教学的阶段性特点和规律性要求，遵循教育教学发展的客观趋势，加快推进资源共享机制建设，才能不断提升资源利用效率、优化资源配置结构，为思政教学质量的整体提升提供坚实保障。

（二）跨平台内容整合

跨平台内容整合是全媒体时代高校思政教学理念创新的重要策略之一。在信息技术高速发展的背景下，思政教学面临着前所未有的机遇和挑战。传统的教学模式已经难以满足当代大学生的学习需求。因此，积极探索跨平台内容整合策略，充分利用各种媒体平台的优势，实现思政教学资源的优化配置和有机融合，已经成为思政教育工作者的共识和努力的方向。

跨平台内容整合的核心在于打破不同媒体平台之间的壁垒，实现教学内容的无缝对接。在具体实践中，教师可以根据教学目标和学生特点，精心设计跨平台教学方案，合理选择和搭配不同的媒体平台，如微信公众号、微博、抖音、知乎等。通过在不同平台上发布与教学主题相关的文章、音频、视频等多样化的内容形式，教师能够全方位、多角度地展现思政教学的内涵，增强教学内容的吸引力和感染力。同时，跨平台内容整合还能够促进不同平台用户之间的互动交流，扩大思政教学的覆盖面和影响力。

跨平台内容整合要遵循系统性、连贯性的原则。教师应该在备课阶段对教学内容进行系统梳理，明确各个知识点之间的逻辑关系，并根据不同媒体平台的特点进行内容的重构和呈现。在教学过程中，教师要引导学生主动探索不同平台上的相关内容，鼓励其进行跨平台学习和交流，帮助其建立起完整、系统的知识体系。此外，教师还应该注重内容呈现的连贯性，确保不同平台上的教学内容在风格、语言、体例等方面保持一致，避免碎片化、割裂化的现象出现。

创新跨平台内容整合方式是提升思政教学质量的关键。教师可以尝试开展跨平台合作教学，与其他高校、企业、社会组织等开展合作，共同开发优质教学资源。例如，教师可以联合新闻媒体，邀请优秀记者、编辑进课堂，分享新闻宣传工作的经验；又如，教师可以与思政教学实践基地开展跨平台互动，组织学生参与志愿服务、社会调查等实践活动，并通过多个平台进行成果展示和经验交流。这些创新的教学方式不仅能够拓宽学生的知识视野，增强其分析问题、解决问题的能力，更能够帮助其形成正确的世界观、人生观和价值观。

评价跨平台内容整合效果需要构建多元化的考核机制。传统的期末考试很难全面评价学生的综合素质和能力，特别是政治认同、家国情怀等情感态度方面的提升。为此，教师应该创新考核评价方式，将过程性评价和结果性评价相结合，注重考查学生在不同平台上的学习表现和实际运用能力。例如，教师可以通过“学习通”等教学平台，记录学生的在线学习时长、讨论发言次数、作业完成质量等数据，评价其学习状况；又如，教师可以结合期中调研、期末总结等环节，考查学生运用跨平台整合知识分析现实问题的能力，从而全面评价教学效果。

总之，跨平台内容整合是新时代高校思政教学理念创新的必然选择。它要求教师立足全媒体环境，主动适应学生学习方式的变化，不断更新教学理念、优化教学设计、创新教学方法，努力实现思政教学内容的跨平台呈现、传播和转化。这既是提升思政教学针对性、实效性的内在要求，也是培养担当民族复兴大任的时代新人的必由之路。在今后的教学实践中，高校思政教育工作者应该进一步加强对跨平台内容整合规律的研究和探索，为推动思政教学高质量发展贡献自己的智慧和力量。

（三）多渠道传播策略

全媒体时代的到来，为高校思政教学理念创新提供了广阔的空间和丰富的资源。在这一背景下，如何有效整合各类媒体资源，构建多渠道传播策略，已成为推动高校思政教学理念创新的重要课题。

立足全媒体环境，高校思政教学需要充分利用新媒体平台的互动性、即时性和广泛性，打造立体化、多层次的传播矩阵。教师要善于运用微博、微信、抖音等社交媒体，及时发布教学信息，分享学习资源，引导学生参与讨论互动。通过这些平台，教师可以拉近与学生的距离，增强教学的亲和力和感染力。

此外，高校还应加强与主流媒体的合作，通过电视、广播、报纸等渠道，宣传思政教学理念，弘扬社会主义核心价值观。借助主流媒体的权威性和影响力，可以提升思政教学的社会认同度和美誉度。

多渠道传播策略的核心在于实现多种媒体形式的有机融合，形成传播合力。在具体实践中，高校可以探索“线上＋线下”的混合式教学模式。线上，教师通过慕课、直播等形式开展教学，学生可以利用碎片化时间进行自主学习。线下，教师组织主题班会、专题讲座等活动，引导学生深化对知识的理解和认同。同时，高校还要注重校内外资源的整合，充分发挥校园广播、电视台、微信公众号等平台的作用，形成全方位、多角度的思政教育宣传矩阵。通过多种媒体的协同传播，思政教学内容可以实现“1+1>2”的效果，产生更大的社会影响力。

此外，多渠道传播策略还要坚持内容为王，突出思政教学的时代性和吸引力。一方面，教师要紧密结合社会热点和学生关注的话题，及时更新教学内容，提高思政课的针对性和实效性。另一方面，教师要创新表现形式，运用微视频、漫画等新媒体样式，把枯燥的理论转化为生动鲜活的案例，增强教学内容的感染力和说服力。只有以学生喜闻乐见的方式呈现思政教学内容，才能真正吸引学生主动参与，实现教学效果的最大化。

多渠道传播策略的实施离不开高校管理部门的支持和保障。高校要加大资金投入，完善新媒体教学平台建设，为教师提供必要的硬件设施和技术支持。同时，要建立健全相关管理制度，加强对思政教育宣传工作的统筹协调，避免出现内容重复、定位模糊等问题。高校还应重视对教师的培训和指导，提升其新媒体素养，鼓励其积极探索多渠道教学实践。唯有高校教学管理部门、教师、学生多方协同，多渠道传播策略才能真正落到实处，焕发出勃勃生机。

全媒体时代，高校思政教学面临着前所未有的机遇和挑战。多渠道传播策略为思政教学插上了腾飞的翅膀，为其发展拓展了广阔的空间。在新的传播格局下，高校要立足育人初心，紧扣时代脉搏，整合多元资源，创新传播方式，不断提升思政教学的亲和力、感染力和影响力。只有主动拥抱媒体变革，积极践行多渠道传播策略，才能推动高校思政教学不断迈上新台阶，为培养德智体美劳全面发展的社会主义建设者和接班人提供坚实保障。

二、多元化教学方法应用

（一）互动式教学法

互动式教学法是全媒体时代高校思政教学理念创新的重要体现。它强调以学生为中心，通过师生之间、生生之间的多向互动，激发学生的学习兴趣，调动其主动性和创造性，促进其思政素质的提升。在互动式教学中，教师不再是知识的权威传授者，而是学习过程的组织者、引导者和协作者。教师需要精心设计教学情境，提出富有挑战性的问题，鼓励学生表达自己的观点，引导学生开展探究性学习。同时，教师还要关注学生的个体差异，因材施教，为每一个学生的发展提供适切的帮助和支持。

互动式教学法的核心在于问题导向和探究性学习。教师应该围绕思政课程的重点难点，设计开放性、应用性、综合性的问题情境，激发学生的好奇心和求知欲。这些问题情境要与学生的生活实际紧密联系，体现思政教学的现实意义，引导学生运用马克思主义立场、观点、方法分析和解决问题。在探究过程中，学生通过自主学习、小组合作、课堂讨论等方式，积极主动地建构知识体系，锻炼思辨能力，形成正确的价值观念。这种学习方式不仅能够增强学生运用知识的能力，更能培养其批判性思维和创新精神。

为了提高互动式教学的针对性和实效性，教师还需要综合运用各种信息技术手段，构建立体化、多维度的互动平台。例如，教师可以利用网络平台开展在线讨论、头脑风暴等活动，拓展师生互动的时空范围；又如，教师可以运用 VR、AR 等技术，为学生提供沉浸式体验的学习机会。这些信息化教学手段能够有效突破传统课堂的局限性，为学生创设更加丰富多彩的学习情境，提高思政教学的吸引力和感染力。

此外，在运用互动式教学法时还需要重视过程性评价和反思。教师不仅要关注学生的学习结果，更要注重其学习过程和情感体验。通过学习日志、互评、访谈等多种评价方式，教师可以全面了解学生的学习状况和思想动态，及时给予具有针对性的指导和反馈。同时，教师还应该鼓励学生进行自我反思和同伴互评，引导其客观认识自己的优势和不足，明确今后的努力方向。这种过程性评价能够帮助学生树立自信心和进取心，促进其自主学习和持续发展。

总之，互动式教学法顺应了时代发展，满足了教育变革的要求，体现了以学生发展为中心的教育理念。在互动式教学中，学生成为学习的主人，教师成为学生成长的引路人。双方在平等、民主、互信的氛围中加强交流、深化认识、促进发展，共同推进思政教育事业的创新发展。

（二）项目式学习

项目式学习作为一种创新的教学方式，近年来在高校思政教学中得到越来越广泛的应用。相比传统的灌输式教学，项目式学习更加注重学生的主体地位和能动性，通过设置与现实生活紧密相关的实践项目，引导学生主动探索、合作学习，使其在解决实际问题的过程中提升思政素质和实践能力。

在项目式学习的实施过程中，教师首先要精心设计教学项目，选择具有时代性、针对性和挑战性的项目主题。这些主题应该紧密围绕思政教学目标，能够引发学生的兴趣和思考，同时具有一定的难度，需要学生付出努力才能完成。例如，在学习“中国精神”相关内容时，教师可以设计“寻访红色足迹，传承革命精神”的实践项目，组织学生参观革命遗址、博物馆等，通过实地考察和访谈，深入了解革命先辈的事迹和精神，并以此为契机深入思考当代大学生的历史使命和社会责任。

在项目实施阶段，教师要充分发挥引导者和协助者的作用，为学生提供必要的资源和支持。教师可以通过多种形式，如专题讲座、研讨会、个别指导等，帮助学生理清项目思路，掌握相关知识技能。同时，教师还要鼓励学生自主学习、团队合作，培养其独立思考和解决问题的能力。在这个过程中，学生不仅能够加强对思政知识的理解和内化，还能锻炼沟通表达、组织协调等关键能力，提升综合素质。

项目式学习的成果评价不应局限于结果本身，更要关注学生在项目实施过程中的收获和成长。教师可以采取多元评价方式，如学生自评、小组互评、教师点评等，全面考查学生的知识理解、能力提升和价值塑造。通过及时的反馈和指导，教师能够帮助学生查漏补缺，巩固学习效果。此外，教师还可以组织成果展示和经验交流活动，让学生分享项目成果和心得体会，进一步强化学习效果，促进学生之间的相互启发。

项目式学习要取得实效，还需要高校和教师在理念、制度和资源等方面提供有力保障。高校应树立以学生发展为中心的教育理念，为项目式学习创造良好的制度环境，在课程设置、学分认定、经费支持等方面给予政策倾斜。教师则要不断更新教育教学理念，提升项目设计和组织实施能力，为学生的成长和发展提供专业化、个性化的指导。只有高校和教师形成合力，才能真正发挥项目式学习的独特优势，推动思政教学质量的整体提升。

项目式学习为深化高校思政教学改革、提升教学实效提供了宝贵经验和有益探索。通过项目式学习，学生能够将思政知识与社会实践紧密结合，在亲身体验和反思中实现知行合一，树立正确的世界观、人生观和价值观。这对于落实立德树人根本任务，培养担当民族复兴大任的时代新人具有重要意义。在新时代背景下，高校应进一步推广项目式学习，不断创新项目内容和实施路径，为学生全面发展和成长成才搭建广阔舞台。

（三）混合式教学

混合式教学是全媒体时代高校思政教学理念创新的重要体现。它充分利用现代信息技术手段，将线上学习与线下教学有机结合，实现了教学资源的优化配置和学习方式的多元化。在混合式教学中，教师不再是知识的唯一传授者，而是学生学习的引导者和协助者。学生也不再是被动的知识接收者，而是学习过程的主动参与者和知识的主动建构者。

混合式教学突破了传统课堂教学的时空限制，为学生提供了更加灵活、自主的学习方式。学生可以根据自己的学习节奏和认知特点，合理安排线上学习时间，反复学习难以理解的知识点。同时，学生还可以通过网络平台与教师、同学进行及时互动，解决学习中遇到的问题。这种个性化、差异化的学习方式，有利于调动学生的学习积极性，培养其自主学习能力。

在线下教学环节，教师可以针对学生线上学习的情况，有的放矢地开展教学活动。一方面，教师可以梳理学生学习中的共性问题，对其进行重点讲解和针对性训练。另一方面，教师还可以组织学生开展讨论、辩论等多种形式的互动活动，引导学生在思想交流与碰撞中加强对知识的理解和内化。

这种线上线下相结合的教学模式，既发挥了教师的主导作用，又充分尊重了学生的主体地位。

混合式教学还有助于实现多元教学资源的整合与应用。教师可以利用网络平台，为学生提供丰富多样的学习资料，如微课视频、电子文档、在线测试等。这些资源可以帮助学生构建起完整的知识体系，拓展学习的广度和深度。同时，学生还可以利用网络搜索引擎、数据库等工具，主动搜索、获取相关领域的前沿动态和研究成果，培养发现问题、分析问题的能力。

此外，混合式教学还为思政教学提供了更多创新的可能。教师可以充分利用信息化手段，设计生动直观、贴近学生生活的教学情境，增强教学内容的吸引力和感染力。例如，教师可以引入影视片段、新闻事件，将理论知识与社会现实相结合，引导学生在问题情境中主动思考和求索。又如，教师可以通过网络平台搜集学生的意见和反馈，及时调整教学策略，提高教学的针对性和实效性。

总之，混合式教学是全媒体时代高校思政教学理念创新的必然选择。它以现代信息技术为支撑，以学生发展为中心，为思政教学注入了新的活力和动力。

三、数字化教学平台建设

（一）平台功能设计

数字化教学平台的功能设计直接关系其在教学中的应用效果和学生学习体验的优劣。为了更好地服务于全媒体时代高校思政教学，数字化教学平台的功能设计应立足于促进教学资源的整合共享、支持多元化教学方法的实施、培养学生自主学习能力，并为教学效果评价提供数据支撑。

首先，数字化教学平台应具备强大的资源整合与共享功能。思政教学内容涉及哲学、政治学、法学、社会学、历史学等多个学科领域，不同形态的教学资源分散在各种载体之中。数字化教学平台要实现跨媒体、跨平台的资源汇聚，建立起完善的资源管理机制，包括分类编目、检索查询、统计分析等，方便教师根据教学需要快速准确地定位和调用所需资源。与此同时，平台还应支持教师用户上传自建资源，促进优质教学资源在更大范围内共享传播。

其次，数字化教学平台的功能设计要为实施多元化教学方法提供充分支持。随着教育理念的更新和信息技术的发展，传统的灌输式教学已经难以适应新时代大学生的学习需求。数字化教学平台应当具备丰富的互动功能，如在线讨论、分组协作、头脑风暴等，为开展研讨式、参与式教学创造条件。此外，数字化教学平台还可以设置在线测试、学习任务管理等模块，支持项目式学习、翻转课堂等新型教学模式的实施，充分调动学生学习的主动性和积极性。

再次，培养学生自主学习能力是高校思政教学的重要目标之一，数字化教学平台的功能设计应当为此提供有力支撑。数字化教学平台可以设置个性化的学习资源推送机制，根据学生的学习行为和兴趣特点，智能推荐适合的学习材料，引导学生拓宽知识视野。同时，数字化教学平台还应具备学习过程记录与分析功能，以便学生可以随时查看学习进度、知识掌握情况等，进行自我监测和调节。数字化教学平台还可以内置思维导图、笔记管理等学习工具，帮助学生梳理知识脉络、提炼要点，以提高学习效率。

最后，数字化教学平台还应重视教学效果评价功能的设计。通过跟踪记录学生在数字化教学平台上的各项学习行为数据，如登录频率、资源浏览量、互动参与度、作业完成情况等，数字化教学平台可以对教学效果进行多维度评价。教师可以据此了解学情，优化教学设计；管理者可以掌握总体教学情况，提出针对性改进措施。这些数据还可用于学习效果的预测和学业预警，为个性化学习提供支持，也为提高人才培养质量提供决策参考。

总之，全媒体时代对高校思政教学提出了新的要求，数字化教学平台作为重要的教学支撑系统，其功能设计应紧紧围绕教学需求，着眼于资源整合共享、多元教学方法实施、自主学习能力培养、教学效果评价等关键环节，为教学模式变革和创新提供强有力的支撑，最终服务于立德树人根本任务的落实。只有基于教学规律和技术优势，科学合理地设计数字化教学平台的功能，才能真正发挥其在思政教学中的积极作用，有效提升教学质量。

（二）用户体验优化

要优化数字化教学平台的用户体验，需要从多个层面入手，综合考虑平台功能设计、界面布局、交互方式、细节体验等因素。

首先，平台功能设计应以用户需求为导向，提供丰富、实用的教学工具和资源。例如，数字化教学平台可以集成在线课程、互动讨论、虚拟实验、知识测试等模块，满足教师教学和学生学习的多样化需求。同时，数字化教学平台还应具备个性化推荐、学习进度追踪、成绩管理等智能化功能，为用户提供更加精准、高效的服务。

其次，界面布局应遵循简洁、直观的设计原则。良好的视觉设计能够降低用户的认知负荷，提升信息获取效率。数字化教学平台应合理利用色彩、字体、图标等视觉元素，营造出清晰、舒适的界面风格。版面布局应突出重点，合理组织信息层次，避免页面过于拥挤或混乱。此外，数字化教学平台还应针对不同终端进行响应式设计，确保用户在台式计算机、便携式计算机、智能手机等设备上都能获得一致、流畅的使用体验。

再次，交互方式应力求自然、便捷。数字化教学平台应提供清晰、一致的导航机制，帮助用户快速定位所需功能。常用操作应设计为易于识别和触发的交互元素，如按钮、链接、下拉菜单等。对于复杂任务，数字化教学平台可以提供向导式的交互流程，引导用户逐步完成操作。同时，数字化教学平台还应重视用户反馈，提供及时、准确的信息提示和错误警告，帮助用户了解当前状态和后续行为。

最后，数字化教学平台在设计过程中还应重视细节体验。例如，合理设置页面加载速度，避免长时间等待；提供个性化设置选项，让用户能够根据自己的偏好，调整界面主题、字体大小等；在关键任务环节，提供必要的帮助文档或用户指南，帮助用户快速上手和解决问题。这些细节的优化看似微小，却能够从多个方面提升用户的使用感受，增强其黏性和忠诚度。

总之，优化数字化教学平台的用户体验是一项复杂、系统的工程，需要从功能、界面、交互、细节等多个维度入手，站在用户的角度去思考和设计。只有不断优化、迭代，持续倾听用户的声音，才能真正打造满足师生需求、提升教学效果的优质数字化教学平台。

（三）数据安全保障

数字化教学平台是教学信息化的重要基础设施，是促进教学模式变革、提升教学质量的关键支撑。然而，在大力推进数字化教学平台建设的同时，如何确保平台数据的安全性已经成为亟待解决的现实问题。数据安全事关数字化教学平台的可持续发展，事关师生的切身利益，必须引起高度重视。

第一，完善数据管理制度是保障平台数据安全的根本举措。数字化教学平台汇聚了海量的教学资源、学习记录、个人信息等敏感数据，如何规范数据的采集、存储、使用和销毁，需要制定严格、细致的管理制度。这些制度应明确数据的范围边界、管理主体、操作流程、安全责任等，为数据全生命周期管理提供制度遵循。同时，还要构建数据分级分类机制，根据数据的敏感程度、泄露风险制定差异化的防护策略，做到有的放矢、精准施策。

第二，强化技术防护能力是确保平台数据安全的关键路径。面对日益频繁和复杂的网络安全威胁，单纯依靠制度约束远远不够，还必须从技术层面构筑起坚实的安全防线。这就要求不断加大技术投入，引进先进的安全防护设备和系统，提升数字化教学平台的访问控制、入侵检测、数据加密、灾备和容灾等能力。同时，还要加强对安全漏洞的动态监测和修复，通过定期评估、渗透测试等方式，及时发现和消除数字化教学平台中存在的安全隐患，消除潜在的数据泄露风险。

第三，加强安全意识教育是提升平台数据安全的人力保障。经调查发现，人为因素是数据安全事故的主要诱因。很多时候，数据泄露并非源于技术漏洞，而是源于使用者安全意识淡薄、防范能力不足。针对这一问题，必须加大全员安全教育力度，增强师生的数据安全意识和防护技能。通过专题讲座、在线课程、实战演练等多种形式，普及数据安全知识，传授恶意软件防范、密码管理、社会工程学攻击识别等实用技能，筑牢安全防线。

第四，开展安全运维监管是维护平台数据安全的重要环节。安全无小事，疏忽即隐患。为确保数字化教学平台稳定运行、数据安全可控，必须建立完善的安全运维监管机制。这包括严格执行变更审批、访问授权、日志审计等管理流程，加强对运维行为的监管和溯源。同时，实施网络安全监测，及时发现网络异常、捕获攻击行为、遏制安全事件，以最大限度减少安全事故的影响范围和危害程度。

第五，建立应急响应机制是应对平台数据安全事件的重要手段。即便采取再多的防范措施，也难以确保万无一失。一旦发生数据安全事故，如何快速响应、有效处置，将直接决定事故的最终走向。对此，必须制订周密的应急预案，明确应急组织架构、处置流程、恢复措施等，确保在第一时间启动应急响应。同时，还要定期开展应急演练，检验预案的可行性和有效性，提升实战处置能力。

综上所述，面对日益严峻的网络安全形势，保障数字化教学平台数据安全任重道远。这需要从制度、技术、人员、管理等多个维度协同发力，构建全方位、多层次的安全防护体系。只有从战略高度重视数据安全，将其融入平台建设的全过程，并持之以恒狠抓落实，才能为平台长治久安提供坚实保障，进而为教学信息化进程的深入推进奠定基础。保障数据安全，既是数字化教学平台可持续发展的内在要求，更是维护广大师生切身利益的必然选择。

四、学生自主学习能力培养

（一）自主学习工具开发

自主学习工具的开发对于培养学生的自主学习能力具有重要意义。在全媒体时代，学生面临着海量的信息资源和多元化的学习方式，传统的被动学习模式已经难以满足其个性化、多样化的学习需求。因此，开发科学、实用的自主学习工具，引导学生主动探索、积极思考，已经成为高校思政教学创新的重要内容。

自主学习工具的开发需要立足学生的认知特点和学习规律。大学生已经具备了一定的抽象思维和自我管理能力，但在学习动机、学习策略等方面还存在一些不足。因此，自主学习工具应该具有激发学习兴趣、培养学习习惯、提供学习反馈等功能，帮助学生树立正确的学习观念，掌握科学的学习方法。同时，自主学习工具的设计还应该符合人机交互的基本原则，界面简洁、友好，操作便捷、高效，以便减轻学生的认知负荷。

自主学习工具的开发还需要充分利用现代信息技术的优势。大数据、人工智能等技术的发展为个性化学习提供了强大支撑。通过对学生学习行为数据的采集和分析，自主学习工具可以精准诊断学生的学习状况，提供有针对性的学习资源和学习路径。智能推荐算法可以根据学生的兴趣爱好、知识基础等因素，为其推送最合适的学习内容。VR、AR 等技术则可以创设身临其境的学习情境，提高学习的直观性和互动性。

自主学习工具的开发还应注重与课堂教学的有机结合。自主学习并非完全独立于课堂教学之外的孤立过程，而是与课堂教学相互补充、相互促进的。因此，自主学习工具的设计应该与课程目标、教学内容紧密对接，成为课堂教学的有益延伸。教师可以利用自主学习工具布置学习任务，巩固课堂知识；学生可以利用自主学习工具进行自我检测，查漏补缺。通过课堂内外的协同配合，自主学习工具可以有效提升思政教学的针对性和实效性。

此外，自主学习工具的开发还需要重视学习共同体的建设。学习从来都不是一个人的事情，而是需要在与他人的互动中实现对知识的内化和提升。因此，自主学习工具应该为学生提供交流协作的平台，促进学习共同体的形成。学生可以通过工具分享学习心得，开展头脑风暴，解决疑难问题。学习共同体的建设不仅能够增强学生的学习动力，还能培养其沟通协作、尊重包容的品质，对于思政课核心素养的培育具有重要意义。

自主学习工具的开发是一项复杂的系统工程，需要教育学、心理学、计算机科学等交叉融合。在开发过程中，开发人员还应该广泛听取学生、教师、教学管理者等利益相关者的意见和建议，不断优化、完善其功能。只有多方协同、持续迭代，才能研发出真正满足学生需求、促进学生发展的自主学习工具。

总之，自主学习工具在培养大学生自主学习能力方面大有可为。通过激发学习兴趣、优化学习体验、提供个性化支持等方式，自主学习工具可以帮助学生树立终身学习的理念，提升学习效率和学习质量。在全媒体时代背景下，加强自主学习工具的开发和应用，既是顺应信息技术发展大势的必然要求，也是深化高校思政教学改革、提升思政教学亲和力的有效途径。

（二）学习动机激发

学生学习动机的激发是教学过程中的关键环节。它不仅关系学生能否主动、积极地投入学习，更决定了学习的效果和质量。在全媒体时代，高校思政教学面临着前所未有的机遇和挑战。教师如何利用新媒体技术和手段创新教学模式，激发学生的学习兴趣和热情，已经成为一个亟待解决的重要课题。

首先，教师要深入分析影响学生学习动机的因素。学生的学习动机受到多方面因素的影响，既有个人的兴趣爱好、价值观念等内部因素，也有教学内容、教学方法等外部因素。教师只有全面考虑这些因素，并有针对性地采取措施，才能真正调动学生学习的主动性。例如，教师可以结合学生的特点和需求，精心设计教学内容，选取贴近学生生活、富有吸引力的案例素材，激发学生的学习兴趣。又如，教师可以灵活运用多种教学方法，如启发式、探究式、体验式等，鼓励学生参与教学互动，提高学习的参与度和投入度。

其次，教师要注重营造良好的学习氛围。学习氛围对学生的学习动机具有潜移默化的影响。积极、愉悦、民主的课堂氛围能够激发学生的学习热情，而沉闷、枯燥、压抑的课堂氛围则会抑制学生的学习积极性。在全媒体时代，教师可以利用微博、微信等新媒体平台，与学生进行课外互动和交流，拉近师生间的距离，营造轻松、愉悦的学习氛围。同时，教师还可以通过组织主题班会、知识竞赛等活动，培养学生的集体荣誉感和团队意识，形成良好的学习氛围。

再次，教师要注重学生学习能力的培养。学习动机与学习能力是相辅相成的。学生只有具备了必要的学习能力，才能切实提高学习效率，获得学习成就感，从而增强学习动机。因此，教师在教学过程中要注重学生学习能力的培养。一方面，教师要传授学生科学的学习方法，如思维导图法、费曼学习法等，帮助学生提高学习效率；另一方面，教师要加强学生自主学习能力的培养，鼓励学生利用慕课、微课等在线学习资源，自主探究和解决问题，提高学习的主动性和创造性。

最后，教师要加强学习评价与反馈。及时、有效的学习评价与反馈，能够帮助学生客观认识自己的学习状况，明确努力的方向，从而使其增强学习动机。在全媒体时代，教师可以利用大数据技术，对学生的学习过程进行跟踪和分析，及时发现学生学习中存在的问题，有针对性地进行指导和帮助。同时，教师还要改进学习评价方式，建立多元化的评价指标体系，综合考查学生的知识、能力、情感等方面的表现，并给予客观公正的评价，以激励学生持续进步。

总之，在全媒体时代，高校思政教学要着力激发学生的学习动机，调动学生学习的主动性和创造性。这需要教师立足学生特点，创新教学内容和方法，营造良好的学习氛围，加强学习能力培养，完善学习评价与反馈机制。

（三）自我评价方法

学生自我评价是自主学习的重要环节，它能帮助学生准确认识自身的学习状况，明确学习目标，调整学习策略，从而使其实现学习的自我监控和优化。在全媒体时代高校思政教学中，教师应该重视引导学生开展自我评价，并为其提供合适的评价工具和方法，以培养其自主学习能力。

自我评价的首要任务是明确评价标准。学生需要清楚地了解课程的学习目标和要求，以此为基准来评判自己的学习效果。教师可以在教学过程中明确传达课程目标，并与学生共同商讨制订具体的评价指标，如知识掌握程度、能力提升水平、价值观内化情况等。有了清晰的评价标准，学生才能开展有的放矢的自我评价。

在自我评价的过程中，学生应该全面审视自己的学习表现。一方面，要客观评价知识和技能的掌握情况。通过回顾课堂笔记、完成课后作业、参与实践活动等，学生能够检验自己对核心概念、原理、方法的理解和运用能力。另一方面，要重视对学习态度和行为的评价。学生应反思自己在学习过程中的投入度、主动性、专注力等，思考如何改进学习态度、优化学习行为。

除了对已有学习成果的评价，学生还应学会及时发现和解决学习困难。当遇到疑惑或障碍时，学生要主动寻求解决之道，如查阅资料、请教师长、与同学讨论等。这种问题导向型的自我评价有助于学生锻炼分析问题、解决问题的能力，培养自主学习的意识和毅力。

为了提高自我评价的科学性和有效性，教师可以为学生提供多样化的评价工具。传统的学习日志、思维导图等评价工具，能够帮助学生梳理学习脉络，捕捉重要信息。在全媒体环境下，教师还可以引导学生利用数字化评价工具开展自我评价，如在线测试系统、电子档案袋、学习数据可视化软件等。这些工具能够为学生提供及时、直观的反馈，增强自我评价的互动性和直观性。

值得注意的是，自我评价并非学生独自完成的孤立行为，而应该嵌入师生互动、生生互动的社会情境中。教师要为学生营造宽松、平等的评价氛围，鼓励其表达真实想法，并为其提供及时反馈和指导。学生之间也要加强交流合作，通过小组互评、经验分享等形式，相互启发、共同进步。这种互动式的自我评价更有利于学生综合素质的提升。

总之，自我评价是学生自主学习的关键一环。在全媒体时代高校思政教学中，教师应重视引导学生开展科学、有效的自我评价，明确评价标准，运用多元评价工具，营造互动的评价氛围，从而帮助学生准确把握学习状态，调节学习策略，不断提高学习能力和思想素质。

五、教学效果评价与反馈机制

（一）评价指标设定

在全面实施素质教育的背景下，教学效果评价已经成为教育教学过程中不可或缺的重要环节。教学效果评价不仅能够检验教学目标的达成度，揭示教学过程中存在的问题，更是改进教学工作、提高教学质量的重要依据。然而，长期以来，我国高校思政教学效果评价存在着评价指标体系不完善、评价主体单一、评价方法趋于形式化等问题，难以真实反映教学效果，更无法有效指导教学实践。因此，科学设定评价指标，构建多元化的评价指标体系，已经成为深化高校思政教学改革的迫切需求。

高校思政教学是一项系统工程，涉及教学目标、教学内容、教学方法、教学管理等诸多方面。评价指标的设定要全面考虑这些因素，既要重视教学结果，又要关注教学过程；既要考查学生的知识、能力，又要注重其情感、态度、价值观的培养。具体而言，评价指标体系应包括以下几个维度。

第一，教学目标达成度。教学目标是开展教学活动的出发点和归宿，也是评价教学效果的首要标准。评价指标应围绕课程教学目标，考查学生对马克思主义基本原理的掌握程度，对社会主义核心价值观的认同程度，以及运用马克思主义立场、观点、方法分析问题的能力。

第二，教学内容的针对性和实效性。高校思想政治理论课内容要紧密结合学生成长成才需求，紧扣社会发展和时代变化脉搏，体现时代性、实践性和开放性。评价指标应考察教学内容是否契合大学生的认知特点和接受习惯，是否有效回应学生的现实关切和思想困惑，能否引导学生运用所学知识分析和解决实际问题。

第三，教学方法的科学性和有效性。思政教学不能简单地灌输知识，而要注重引导学生主动思考、积极参与，实现知行合一。评价指标应考察教师是否根据教学内容和学生特点，灵活运用案例教学法、模拟教学法等多种教学方法，调动学生学习的主动性和积极性；是否综合运用信息技术手段，拓展教学时空，增强教学吸引力。

第四，学生综合素质的提升。思政教学的根本任务是立德树人，促进学生全面发展。评价指标应考查学生的政治素养、道德品质、法治意识、社会责任感等方面的表现，以及在理论学习、社会实践、志愿服务等方面取得的进步和成长。

第五，教学保障条件。教学效果的提升离不开完善的教学保障体系。评价指标应考察学校是否制定科学合理的教学管理制度，是否为思政教学提供必要的人力、物力、财力支持，教师的教学能力和育人水平是否满足教学需要。

构建科学、完善的教学效果评价指标体系，要坚持以学生发展为中心，以提高教学质量为导向，处理好定性与定量、过程与结果、共性与个性的关系。评价指标既要有利于评价工作的规范化、制度化，又要为一线教师因材施教、创新教学方法留出空间。只有建立起全面反映教学效果、充分尊重教学规律的评价指标体系，才能真正发挥教学评价的导向、激励和改进功能，不断提升高校思政教学的亲和力和针对性，为培养担当民族复兴大任的时代新人提供坚实保障。

（二）反馈渠道建设

在全媒体时代，高校思政教学只有与时俱进，创新反馈渠道建设，才能有效提升教学效果。传统的思政教学反馈方式较为单一，主要依靠期末考试、平时作业等形式，教师难以全面、及时地了解学生的学习状况和接受程度。这种滞后性的反馈不仅无法为教师提供具有针对性的教学改进依据，也难以激发学生的学习兴趣和主动性。因此，高校思政教学要主动顺应时代发展，充分利用新媒体技术，构建多元化、交互式的反馈渠道。

首先，可以利用在线学习平台等，为学生提供便捷的反馈通道。教师可以在平台上发布教学内容、测试题目，学生在学习过程中遇到疑问可以随时提出，教师也能及时给予解答和指导。同时，平台还可以设置匿名反馈功能，鼓励学生畅所欲言，客观评价教学效果。这种实时互动的反馈方式，能够帮助教师及时发现教学中存在的不足，并使教师根据学生的反馈意见进行有针对性的调整，从而不断优化教学内容和方法。

其次，高校还可以利用社交媒体，搭建师生交流的桥梁。教师可以在微信平台开设公众号，定期发布思政教学相关内容，引导学生参与讨论和互动。学生可以通过留言、点赞等方式表达自己的看法和感受，教师也可以针对学生的反馈进行回应和解疑。这种基于社交媒体的反馈渠道，不仅拉近了师生间的距离，增进了彼此的了解，也为思政教学注入了新的活力。学生在轻松、愉悦的氛围中接受教育，学习热情和参与度也会大大提高。

最后，高校还应重视线下反馈渠道的建设。教师可以定期召开学生座谈会、开展问卷调查，鼓励学生当面反映学习中的困惑和建议，这既是对学生参与教学改革的尊重，也有助于教师全面了解教学实际效果。对于学生提出的合理化建议，教师应虚心采纳，并在教学实践中加以改进。

构建多元化的反馈渠道，是提升高校思政教学质量的必由之路。一方面，及时、全面的反馈有助于教师准确把握教学效果，不断改进教学方式方法；另一方面，师生之间的良性互动能够激发学生的主体意识和参与热情，促进其将所学知识内化为自身修养。

（三）持续改进策略

持续改进是保障教学效果评价与反馈机制长效运行的关键。高校思政教学是一项复杂而系统的工程，涉及教学目标、教学内容、教学方法、教学评价等诸多环节。随着时代的发展和学生需求的变化，思政教学也必须与时俱进，不断优化和完善。这就需要高校建立起持续改进的理念和机制，将评价、反馈的结果切实运用到教学实践中，推动思政教学的持续进步。

具体而言，持续改进策略应从以下几个方面入手。

一是完善评价指标体系。科学合理的评价指标是开展教学评价的前提。要根据思政教学的特点和要求，构建多维度、多层次的评价指标体系，既要重视教学过程，也要关注教学效果；既要考查知识传授，也要评价能力培养和价值引领。同时，评价指标应具有一定的弹性和开放性，能够根据实际情况进行动态调整，以适应教学实践的需要。

二是健全反馈机制。反馈是推动教学改进的直接动力。高校应搭建多元化的反馈渠道，如问卷调查、访谈座谈、在线评价等，广泛听取学生、教师和社会各界的意见和建议。对收集到的反馈信息，要及时分析研判，准确把握共性问题和个性需求，有针对性地制定整改措施。反馈机制的健全，有利于形成评价、反馈、改进的良性循环，为教学质量的提升提供制度保障。

三是强化评价结果运用。评价不是目的，改进才是归宿。一方面，评价结果要及时反馈给相关教师，帮助其查找教学中的不足，以改进教学方法，提升业务能力。可以通过教学督导、同行评议、学生评教等方式，为教师提供多角度的反馈意见，促进其专业成长。另一方面，评价结果还应运用于教学管理和决策，如优化课程设置、改革教学模式、完善教学条件等，切实把评价结果转化为推动教学改革和教学质量提升的具体行动。

四是营造持续改进文化。持续改进不仅需要制度保障，更需要文化支撑。高校应大力宣传教学评价的意义，普及持续改进的理念，在全校上下形成重视教学、追求卓越的浓厚氛围。高校要鼓励师生参与教学评价和教学改革，调动他们的积极性和主动性，使评价、反馈、改进成为常态化、制度化的教学实践。同时，高校还要建立健全教师教学发展机制，完善以教学为中心的绩效考核和激励机制，引导广大教师潜心教书育人，不断提升教学水平和育人质量。

总之，持续改进是一项系统工程，需要各方面通力合作、综合施策。只有完善评价指标、畅通反馈渠道、强化结果运用、营造改进文化，形成评价反馈、分析研判、制订措施、落实整改的闭环管理，才能真正实现教学评价的价值，推动高校思政教学改革不断走向深入。这既是提升教学质量的必然要求，也是建设高素质教师队伍，以及培养德智体美劳全面发展的社会主义建设者和接班人的重要举措。在新时代背景下，持续推进评价反馈与机制建设，扎实做好评价、反馈、改进工作，必将推动高校思政教学实现内涵式发展，为立德树人、培根铸魂提供坚实保障。

第五章　全媒体时代高校思政教学内容创新

本章主要介绍全媒体时代高校思政教学内容创新，围绕全媒体时代高校思政教学内容创新的必要性、全媒体时代高校思政教学内容创新策略两方面展开论述，旨在通过创新教学内容，提高思政教学的针对性和实效性，培养具有时代责任感和创新精神的高素质人才。

第一节　全媒体时代高校思政教学内容创新的必要性

一、提升高校思政教学内容与学生需求的匹配度

（一）学生兴趣的多元化

随着高等教育的普及和社会的快速发展，当代大学生群体呈现出日益多元化的特点。他们来自不同的地域、民族、家庭，具有不同的个性特点、兴趣爱好、价值取向。这种多元化的学生群体对高校思政教学提出了新的挑战，传统的“一刀切”式教学模式已难以满足学生的个性化需求。因此，高校思政教育工作者只有深入分析学生兴趣的多元化，有针对性地进行教学设计和实施，才能真正增强教学的吸引力和感染力。

首先，学生兴趣的多元化体现在专业选择上。在填报高考志愿时，学生往往会根据自己的兴趣爱好、个人特长选择相应的专业。这就决定了不同专业的学生在知识结构、能力素质、职业规划等方面存在较大差异。面对这种差异，教师在进行思政教学时，不能简单地照本宣科，而应根据不同专业的特点设计富有针对性的教学内容。例如，理工类专业的学生理性思维普遍较强，教学中可多融入哲学、逻辑方面的内容；人文社科类专业的学生感性认知较丰富，教学中可适当增加文学、艺术鉴赏的元素。唯有如此，才能使思政教育入脑入心，引发学生的情感共鸣。

其次，学生兴趣的多元化体现在课外活动上。当代大学生思想活跃，他们热衷于参与社团活动、志愿服务、创新创业等，渴望在课堂之外拓宽视野、锻炼能力。高校思政教学要主动适应这一趋势，积极开发第二课堂资源，将显性教育与隐性教育相结合。一方面，教师可以引导学生积极参与校园文化活动，在潜移默化中使其加深对社会主义核心价值观的认同；另一方面，教师还可以带领学生走出校门，走进社区、农村、企业，在服务他人、奉献社会的过程中使其坚定理想信念。如此，思政教学才能突破课堂的时空限制，融入学生的实际生活，焕发出更加蓬勃的生命力。

最后，学生兴趣的多元化体现在信息获取渠道的变革上。随着新媒体的发展，当代大学生已经成长为“数字原住民”，他们更加依赖网络平台获取资讯、表达观点、交流互动。面对这一现实，思政教学必须主动借助网络，创新教学模式和传播方式。教师应积极运用微博、微信、抖音等新媒体平台，开设富有吸引力的思政网络课程，用学生喜闻乐见的方式传播正能量。同时，教师还要加强网络舆情监测，及时发现和纠正错误观点，营造积极健康的网络生态环境。只有主动拥抱互联网，思政教学才能赢得学生的认可和欢迎。

总之，学生兴趣的多元化已成为不可忽视的时代特征。面对这一趋势，高校思政教学必须坚持以学生为本，充分尊重学生的个性差异，广泛利用各类教育资源，不断增强教学的针对性和实效性。唯有不断创新教学内容，改进教学方法，用学生喜闻乐见的方式讲好思政课，高校思政教学才能引导学生树立正确的世界观、人生观、价值观，为以中国式现代化全面推进中华民族伟大复兴注入不竭动力。

（二）教学内容的时代性

教学内容的时代性是提升高校思政教学针对性和实效性的关键要素。随着社会的快速发展和信息技术的广泛应用，当代大学生的认知特点、价值取向、行为方式都发生了深刻变化。如果思政教学内容仍然停留在过去的模式，脱离了学生的现实生活，就难以引起学生的共鸣和认同，更无法有效引导学生树立正确的世界观、人生观、价值观。因此，高校思政教学必须紧跟时代步伐，把握学生成长发展的新特点、新需求，不断更新教学内容，增强教学的吸引力和感染力。

具体而言，教学内容的时代性体现在三个方面：问题的时代性、话语的时代性和方式的时代性。首先，思政教学要聚焦学生关心的现实问题，引导学生运用马克思主义立场、观点、方法分析和解决问题。当前，大学生面临的就业压力、情感困惑等现实问题，都可以成为思政教学的生动素材。教师要善于捕捉时代热点，将其转化为教学资源，引导学生在解决问题的过程中提升思想认识和道德境界。其次，思政教学要讲好学生听得懂、听得进的“时代语言”。马克思主义经典著作中蕴含着丰富的思想资源，但如果照本宣科、生搬硬套，就难以被学生接受。教师要立足学生的认知水平和接受习惯，运用贴近学生生活的语言，讲清楚、讲透彻马克思主义的真理力量，引导学生树立正确的理想信念。最后，思政教学要采用学生喜闻乐见的“时代方式”。当代大学生成长于网络时代，思维方式和学习方式都深受信息技术的影响。思政教学要主动顺应这一趋势，将信息技术融入教学全过程，创新教学模式和方法，增强课堂教学的互动性和参与性。

从马克思主义中国化的历史进程来看，教学内容的时代性始终是思政教学的鲜明特色。马克思主义在中国的传播和发展，就是一个不断结合中国实际、回应时代问题的过程。从延安时期的“大生产运动”到新中国成立后的社会主义建设，再到改革开放新时期的理论创新，马克思主义在不同历史阶段都彰显了强大的生命力和适应性。进入新时代，高校思政教育工作者要深入学习贯彻习近平新时代中国特色社会主义思想，用习近平总书记关于教育的重要论述武装头脑、指导实践，不断推进教学内容、教学方式的改革创新，切实增强教学的针对性和实效性。

总之，教学内容的时代性是高校思政教学的应有之义。只有把握时代脉搏、回应学生关切、创新教学方式，才能不断提升思政教学的吸引力、感染力和针对性，引导学生将个人理想融入民族复兴的伟大理想，将个人奋斗汇入时代发展的洪流，为以中国式现代化全面推进中华民族伟大复兴贡献智慧和力量。这是新时代高校思政教育工作者的神圣使命和责任担当。

（三）学生参与度的提升

学生参与度是衡量教学效果的重要指标之一，它反映了学生在教学过程中的投入度和主动性。在全媒体时代，高校思政教学应充分利用新媒体技术和平台，创新教学方法和内容，提升学生参与度，实现教学效果的最优化。

首先，全媒体环境为提升学生参与度提供了丰富的技术支持。移动互联网、大数据、人工智能等新技术的发展，使得教学形式更加多样化、个性化。教师可以利用微课、慕课、直播等方式，将思政课程内容制作成生动有趣的视频、动画，以吸引学生注意力。同时，借助社交媒体平台，教师可以与学生进行即时互动，及时解答学生疑问，掌握学生学习动态。这些都有助于激发学生学习兴趣，调动其主动性。

其次，全媒体时代的思政教学内容更加贴近学生生活实际，有利于提高学生参与度。传统思政课程内容相对枯燥、抽象，与学生实际生活联系不够紧密，难以引起共鸣；而在全媒体环境下，教师可以将社会热点问题、时事政治、流行文化等融入教学内容中，引导学生思考和讨论。这不仅能够增强思政课程的时代感和吸引力，更能帮助学生树立正确的世界观、人生观和价值观。

再次，全媒体时代的思政教学更加注重学生的主体地位，鼓励其参与教学互动，提升其参与度。在传统的“满堂灌”式教学中，学生往往处于被动接收的地位，缺乏表达观点、参与讨论的机会；而在全媒体环境下，教师可以通过头脑风暴、小组讨论、角色扮演等方式，为学生搭建互动平台，鼓励其畅所欲言。在平等、开放的课堂氛围中，学生能够获得更多展示自我、锻炼能力的机会，参与热情也会随之提高。

最后，全媒体时代的思政教学在提升学生参与度的同时，也需要注意一些问题。例如，要防止过度使用新媒体技术而忽视了教学内容本身；要避免放任学生自由讨论而导致课堂秩序混乱；要注意引导学生理性、客观地看待网络信息，提高其媒介素养。只有在把握好“度”的前提下，高校思政教学才能真正发挥全媒体环境的优势，实现思政教学的预期目标。

总之，全媒体时代为高校思政教学提升学生参与度提供了广阔空间和多种可能。教师应当与时俱进，积极利用新媒体技术和平台，创新教学模式和内容，激发学生学习兴趣，调动其主动性。同时，还要注重加强师生互动，突出学生主体地位，营造民主、平等的课堂氛围。只有不断探索、勇于创新，教师才能真正提升学生参与度，增强思政教学的吸引力和感染力，促进学生全面发展。

二、有利于思政教学内容资源的整合与利用

（一）校内外思政教学内容资源的整合

在全媒体时代，高校思政教学要实现创新发展，必须立足教学实践，整合各方面资源。其中，校内外思政教学内容资源的整合尤为关键。

校内是高校思政教学的主阵地。高校应充分挖掘和利用校内各类思政教学内容资源，形成合力，提升教学实效。一方面，高校要发挥课堂主渠道作用，将思政元素有机融入各学科教学之中。通过课程思政建设，推动思想政治理论课与其他课程同向同行，实现全员、全过程、全方位育人。另一方面，高校要重视第二课堂建设，积极开展各类思政教学实践活动。学生社团活动、志愿服务等都蕴含

着丰富的思政教学内容资源，高校应创新工作方法，增强思政教学的针对性和吸引力，引导学生在实践中坚定理想信念，培养家国情怀。

校外思政教学内容资源同样不容忽视。高校思政教学要主动对接社会资源，拓展育人空间。首先，高校可以加强与地方党政机关、企事业单位的合作，建立实践教学基地，让学生走出校园，在社会生活中接受思想洗礼、坚定人生信念。其次，高校要积极利用新媒体平台，传播主流价值观念。官方微博、微信公众号等都是有效的思政教学载体，高校应创新传播方式，用青年人喜闻乐见的话语讲好中国故事，传递正能量。最后，高校可以邀请社会各界优秀人士走进校园。通过报告会、座谈会等形式，他们能够为学生传道授业解惑，用社会主义核心价值观引领学生成长。

整合校内外思政教学内容资源的关键在于构建协同育人机制。思政教学不是思政课教师的独角戏，而是全社会的共同责任。高校要牵头搭建平台，凝聚各方力量，调动一切可以调动的积极因素，形成全员、全过程、全方位的育人格局。同时，高校还要创新工作方法，提高资源利用效率。可以运用大数据技术，精准分析学生的思想动态和行为特点，有的放矢地开展教育引导；也可以发挥师生主体作用，鼓励其积极参与资源整合，提升师生的参与度和获得感。

总之，校内外资源的整合是全媒体时代高校思政教学创新的题中应有之义。只有立足教学实践，最大限度地调动各方面资源，才能不断增强思政教学的时代感和吸引力，培养担当民族复兴大任的时代新人。这既是高校思政教育工作者的历史使命，也是教育现代化的必然要求。

（二）多媒体教学工具的使用

多媒体教学工具的使用已经成为全媒体时代高校思政教学内容创新的重要途径。随着信息技术的迅猛发展，多媒体技术日益成熟，其在教学中的应用也越来越广泛。将多媒体技术与思政教学深度融合，能够有效增强教学的感染力、吸引力和针对性，提升教学质量和育人实效。

从知识传授的角度来看，多媒体教学工具的使用能够帮助学生更加直观、生动地理解思政课的理论知识。思政课涉及哲学、政治学、经济学、法学等多个学科领域，理论内容抽象、复杂，单纯依靠语言描述难以让学生准确把握其中的精髓；而通过多媒体技术，教师可以将文字、图像、音频、视频等多种表现形式巧妙结合，设计出生动形象的教学情境，激发学生的学习兴趣。例如，在讲授社会主义核心价值观时，教师可以播放相关的公益广告、微电影，通过鲜活的案例引导学生深刻领会其内涵和意义。

从能力培养的角度来看，多媒体教学工具的使用有助于培养学生分析问题、解决问题的能力。通过多媒体课件，教师可以为学生呈现一个个富有挑战的现实问题情境，引导其运用所学知识分析问题的成因，提出解决问题的对策。在这一过程中，学生的逻辑思维、创新意识、实践能力等都能得到锻炼和提升。例如，在讲授社会主义法治理念时，教师可以利用多媒体设置一个真实的案例，让学生扮演不同角色进行模拟法庭辩论，使其在交锋和论证中加深对法治精神的理解和认同。

从价值引领的角度来看，多媒体教学工具的使用能够帮助学生树立正确的世界观、人生观和价值观。思政课是进行价值观教育的主阵地，如何引导学生形成积极向上的价值取向是每一位思政课教师的重要使命。运用多媒体技术，教师可以创设富有感染力的情境，激发学生的情感共鸣，引导其在潜移默化中接受马克思主义的指导。例如，在讲授中国特色社会主义道路时，教师可以播放新中国成立以来在各个领域取得的辉煌成就的纪录片，引导学生坚定“四个自信”，将个人理想自觉融入民族复兴的伟业之中。

当然，多媒体教学工具的使用也应该把握一定的度，避免喧宾夺主、本末倒置。一方面，教师要根据教学内容和学情，科学设计多媒体课件，防止花哨的表现形式掩盖了思政课的理论内涵；另一方面，教师要处理好多媒体教学与传统教学方式的关系，在运用现代信息技术的同时，也要重视课堂教学互动，发挥教师言传身教的重要作用。

多媒体教学工具为思政教学插上了腾飞的翅膀。在全媒体时代，深入探索多媒体技术与思政教学的融合之道，充分发挥现代信息技术优势，不断提升思政教学的亲和力和针对性，是每一位思政课教师的责任和使命。

（三）网络教学资源的共享

全媒体时代为高校思政教学的创新发展提供了广阔空间和丰富资源，网络教学资源的共享无疑是推进高校思政教学改革的重要举措。随着信息技术的迅猛发展，网络已经成为大学生获取知识、交流思想的重要渠道。海量的网络资源为思政教学拓展了新的领域，丰富了思政教学内容和形式。通过整合和利用优质网络教学资源，高校思政课教师能够突破传统课堂的时空限制，创设生动鲜活的教学情境，激发学生的学习兴趣和探究欲望。

然而，当前高校思政教学中存在网络教学资源利用不足、共享程度不高等问题。部分教师仍然习惯于传统的讲授式教学，对网络教学资源的认识和运用能力有限。不同高校、不同院系之间缺乏网络教学资源的交流与共享，导致优质网络教学资源无法得到充分利用。针对这些问题，推进网络教学资源共享势在必行。

首先，高校应加强顶层设计，完善网络教学资源共享机制。建立健全资源共建共享的制度保障，明确责任主体，完善激励政策，调动教师参与的积极性。其次，高校要加强网络教学资源的整合与开发。组织专门力量对现有网络教学资源进行分类、筛选和优化，形成结构合理、特色鲜明、动态更新的资源库。鼓励教师利用网络平台进行教学设计，开发适应学生认知特点、富有时代特色的思政课程资源。最后，高校要搭建网络教学资源共享平台。依托现代信息技术，构建跨校、跨地区的资源共享网络，实现优质网络教学资源的共享。加强网络教学资源共享平台的管理和维护，保障网络教学资源的质量和安全。

此外，网络教学资源共享还应注重发挥学生的主体作用。一方面，引导学生积极参与资源的利用和创造，鼓励其通过网络平台展示学习成果、分享学习心得。另一方面，加强师生互动、生生互动，促进思想碰撞和智慧分享。学生的广泛参与，能够不断丰富网络教学资源的内涵，提升资源的针对性和实效性。

网络教学资源的共享是推进高校思政教学改革的必由之路。它有利于打破教学资源的壁垒，实现优质教学资源的互补与协同。通过网络教学资源共享，高校思政教学能够紧跟时代步伐，回应学生需求，不断提升教学质量和育人实效。在全媒体时代，深入推进网络教学资源共享，创新思政教学模式，对于落实立德树人根本任务，培养担当民族复兴大任的时代新人具有重要意义。

第二节　全媒体时代高校思政教学内容创新策略

随着信息技术的飞速发展，全媒体时代已经到来。信息技术不仅改变了人们的日常生活方式，也对教育领域产生了深远的影响。在这一背景下，高校思政教学内容必须与时俱进、不断创新，以适应时代发展的需要，提升思政教学的吸引力和实效性。全媒体时代的信息传播速度快、范围广、形式多样，为高校思政教学提供了丰富的资源和广阔的平台，但同时也带来了诸多挑战。如何在全媒体时代有效利用这些资源，创新思政教学内容，成为当前高校思政教学面临的重要课题。

全媒体时代的到来，意味着信息传播不再局限于报纸、广播、电视等传统媒体，而是涵盖了互联网、社交媒体、移动终端等多种渠道。这种信息传播方式的变革，使得人们获取信息的方式更加便捷、快速，同时也使得信息的真实性和准确性面临更大的挑战。对于高校思政教学而言，这意味着教学内容必须紧跟时代步伐，不断更新和丰富，以满足学生的需求，提高教学的针对性和实效性。

在全媒体时代，高校思政教学内容的创新不仅是为了适应时代发展的需要，更是为了提升思政教学的吸引力和实效性。传统的思政教学内容往往过于理论化、抽象化，难以引起学生的兴趣和共鸣；而全媒体时代的信息传播方式具有直观性、生动性等特点，可以更加有效地传递思政教学的核心价值和理念。

因此，高校思政教学内容的创新必须充分利用全媒体时代的优势，将抽象的理论知识与具体的实践案例相结合，通过生动形象的方式呈现给学生，从而提高学生的学习兴趣和参与度。

一、融入时代元素，增强教学内容的时效性

（一）结合时政热点

将最新的时政热点、社会现象等融入思政教学内容中，是增强教学内容时效性的重要途径。时政热点和社会现象往往与人们的日常生活紧密相关，能够引起学生的兴趣和共鸣。通过将这些内容融入思政教学中，教师可以使学生更加深入地了解国家大事、社会动态，增强他们的社会责任感和使命感。

例如，在讲授中国特色社会主义理论体系时，教师可以结合共建“一带一路”倡议进行讲解。通过介绍共建“一带一路”倡议的背景、意义、进展和成效等内容，引导学生深入思考中国特色社会主义理论体系在当代中国的实践和发展。同时，教师还可以引导学生关注共建“一带一路”倡议在国际上的反响和影响，帮助学生拓宽国际视野并增强国际意识。

（二）引入新媒体素材

利用微博、微信、抖音等新媒体平台上的优质素材来丰富思政教学内容，是提高思政教学吸引力和感染力的有效手段。这些新媒体素材往往具有直观性、生动性等特点，能够更加有效地传递思政教学的核心价值和理念。

例如，在讲授社会主义核心价值观时，教师可以利用微博上的热门话题和短视频等素材来辅助教学。通过展示一些践行社会主义核心价值观的感人故事和先进事迹等视频内容，引导学生深入思考社会主义核心价值观的内涵和意义。同时，教师还可以鼓励学生利用社交媒体平台分享自己的学习心得和体会等。

二、注重跨学科融合，拓宽教学内容的广度

（一）融合人文社科类知识

将历史、文学、哲学等人文社科类知识融入思政教学中，可以拓宽学生的知识视野并增强他们的文化底蕴。人文社科知识是人类文明的重要成果之一，对于培养学生的综合素质和创新能力具有重要意义。通过将人文社科知识与思政教学相结合，教师可以使学生更加全面地了解人类社会发展的历程和规律，以及不同文化背景下的思想观念和价值观念等。

例如，在讲授中国近现代史纲要时，教师可以结合文学作品和历史事件等内容进行讲解。通过介绍一些反映中国近现代历史变迁的文学作品和历史事件等素材，引导学生深入思考中国近现代历史的发展轨迹和规律，以及中国人民在争取民族独立和人民解放斗争中的英勇奋斗和伟大牺牲等精神内涵。同时，教师还可以引导学生关注不同文化背景下的思想观念和价值观念等差异和共性，以促进学生对其的理解和尊重。

（二）结合自然科学知识

将自然科学领域的最新成果和技术进展等自然科学知识引入思政教学中，也是拓宽教学内容广度的重要途径之一。自然科学知识是人类认识自然和改造自然的重要工具之一，对于培养学生的科学素养和创新精神具有重要意义。通过将自然科学知识与思政教学相结合，教师可以使学生更加深入地了解自然界的发展规律和人类社会的发展趋势，以及科学技术在推动社会进步中的作用和价值等。

例如，在讲授毛泽东思想和中国特色社会主义理论体系概论时，教师可以结合人工智能、大数据等最新技术进展进行讲解。通过介绍这些技术在各个领域的应用和发展趋势等内容，引导学生深入思考科学技术在当代社会中的重要性和作用，以及如何利用科学技术来推动中国特色社会主义事业的发展等问题。同时，教师还可以鼓励学生关注自然科学领域的前沿动态和热点问题，以促进师生间的交流和探讨。

三、强化实践导向，增强教学内容的应用性

（一）案例教学

选取典型的社会案例、历史事件等作为教学案例来引导学生进行分析和讨论，是强化实践导向、增强教学内容应用性的有效手段之一。案例教学能够使学生更

加深入地了解社会现实和历史背景，以及不同情境下的决策过程和结果等，从而培养他们的批判性思维和解决问题、团队合作及沟通交流的能力。

例如，在讲授思想道德修养与法律基础时，教师可以选取一些涉及道德伦理和法律问题的社会案例进行讲解。通过介绍这些案例的背景、经过和结果等内容，引导学生深入思考道德伦理和法律规范在社会生活中的作用和价值，以及如何在实践中遵守这些规范等问题。同时，教师还可以组织学生进行小组讨论和角色扮演等活动，以促进师生之间、生生之间的交流和互动，提高学生的实践能力，并增强学生的社会责任感。

（二）社会实践

鼓励学生参与社会实践、志愿服务等活动，也是强化实践导向、增强教学内容应用性的重要途径之一。社会实践能够使学生更加深入地了解社会现实和民生问题，以及不同群体的需求和期望等，从而培养他们的社会责任感和使命感，以及解决实际问题的能力等。

例如，在讲授中国特色社会主义理论体系时，教师可以组织学生参与农村调研、社区服务等社会实践活动。通过让学生深入农村和社区了解当地的经济社会发展状况和民生问题，以及当地政府和群众在推动经济社会发展的过程中付出的努力和取得的成效等内容，引导学生深入思考中国特色社会主义理论体系在当代中国的实践和发展，以及如何在实践中践行这一理论体系等问题。同时，教师还可以鼓励学生将所学理论知识应用于实践活动中，以提高学生的实践能力和创新能力。

四、注重个性化定制，满足不同学生的需求

（一）分层次教学

针对不同年级、不同专业学生的特点和需求，制定差异化的教学内容和教学计划，是满足学生个性化需求的重要途径之一。分层次教学能够充分考虑学生的知识背景、兴趣爱好和学习能力等因素，从而制订更加符合他们实际需求的教学方案，以提高教学效果和学习效率。

例如，在讲授马克思主义基本原理概论时，教师可以针对不同年级学生的特点制定不同的教学内容。大一新生可能对马克思主义基本原理还比较陌生，因此教师在教学中需要注重基础知识的讲解和理论框架的构建；大二、大三学生已经具备了一定的理论基础，因此教师在教学中需要注重理论知识的深化和应用能力

的培养；大四学生即将面临毕业和就业，因此教师在教学中需要注重理论知识的综合运用和职业规划的指导等。

（二）个性化辅导

利用网络平台和智能技术为学生提供个性化的学习辅导和咨询服务，也是满足学生个性化需求的重要途径之一。个性化辅导能够根据学生的实际情况和需求提供有针对性的指导和帮助，从而解决他们在学习过程中遇到的问题和困惑，以提高他们的学习效果和学习兴趣。

例如，在讲授毛泽东思想和中国特色社会主义理论体系概论时，教师可以利用网络平台为学生提供在线答疑、作业批改和课程辅导等服务。通过与学生进行实时互动和交流，教师可以了解他们的学习情况和需求，并为其提供个性化的指导和帮助，以解决他们在学习过程中遇到的问题。同时，教师还可以利用智能技术对学生的学习数据进行分析和挖掘，以发现他们的学习特点和规律，从而为制订更加符合他们实际需求的教学方案提供科学依据。

第六章　全媒体时代高校思政教学方式创新

本章主要介绍全媒体时代高校思政教学方式创新，围绕全媒体时代高校思政教学方式创新的必要性、全媒体时代高校思政的跨学科融合教学方式、全媒体时代高校思政的互动式教学方式、全媒体时代高校思政的网络教学方式等四方面展开论述，旨在为全媒体时代高校思政教学方式的改革提供理论支持和实践指导。

第一节　全媒体时代高校思政教学方式创新的必要性

一、培养学生的思维能力

学生思维能力的培养是现代高等教育的核心目标之一。在全媒体时代，思政教学面临着前所未有的机遇和挑战。如何充分利用新媒体技术创新教学方式，提升学生的思维能力，已成为广大思政课教师探索和实践的重要课题。

思维能力是一种复杂的高级心理过程，包括分析、综合、比较、抽象、概括等多种思维操作。培养学生的思维能力，需要教师在教学中有意识地创新教学方式，设计和组织相应的教学活动，引导学生主动参与、积极思考。在思政教学中，教师可以通过以下几种方式来培养学生的思维能力。

第一，精心设计教学内容，提供丰富的思维素材。思政课涉及哲学、政治、经济、历史等多个学科领域，内容广博而抽象。教师要深入挖掘教材中蕴含的思维训练元素，围绕重点概念、原理和理论，提炼出富有思想性和针对性的案例材料，为学生思维能力的培养提供“营养”。同时，教师还要关注社会热点问题，引导学生运用马克思主义立场、观点和方法分析问题、解决问题，在这一过程中提升思维能力。

第二，创新教学方法，营造开放互动的课堂氛围。传统的灌输式教学很难调动学生的思维，培养其独立思考的能力。教师要转变教学理念，突出学生的主体地位，采用启发式、探究式、讨论式等教学方法，激发学生思维的主动性和创造性。例如，教师可以提出一些开放性的问题，鼓励学生发表自己的看法；组织学生开展头脑风暴，畅所欲言；开展课堂辩论，引导学生从不同角度分析问题。在开放、平等、互动的课堂氛围中，学生的批判性思维和创新思维能力必将得到锻炼和提升。

第三，利用新媒体平台，拓展思维训练的时空。当前，微信、微博、抖音等新媒体已深入大学生的学习和生活，并对其思维方式产生重要影响。思政课教师要主动拥抱新媒体，利用其互动性、即时性、海量性的特点，为学生搭建思维训练的新平台。教师可以在微信公众号上推送与教学内容相关的时政热点、社会现象的分析文章，引导学生在线探讨；开设专题微博，发布开放性问题，组织学生开展头脑风暴；录制微视频课程，将知识点化为生动形象的案例，启发学生多角度思考。通过新媒体平台的运用，思政课教学可以实现线上线下的有机结合，不断拓展学生思维能力培养的时空边界。

第四，注重实践教学，培养学生运用知识分析和解决问题的能力。思维能力的提升离不开实践的磨砺。思政课教师要高度重视社会实践教学，引导学生走出校园，深入社区、企业、农村，在亲身体验中感悟理论的力量。例如，教师可以带领学生参观红色教育基地，开展革命传统教育；组织学生走访社区，为居民提供志愿服务；引导学生调研企业，撰写调研报告。在实践教学中，学生运用理论知识观察、分析社会问题、解决实际困难的综合能力必将显著提高。

总之，在全媒体时代，思政课担负着培养大学生思维能力的重要使命。教师要立足课程特点，创新教学内容和方法，利用新媒体技术的优势，注重实践育人，多维度、全方位地培养学生运用马克思主义立场、观点、方法分析问题和解决问题的能力。只有学生具备敏锐的洞察力、缜密的逻辑思维和开阔的创新思路，才能够在纷繁复杂的社会环境中保持清醒头脑，做到学以致用、知行合一。这既是思政课教学的应有之义，也是培养担当民族复兴大任的时代新人的内在要求。

二、精准定位教学目标

教学目标的精准定位是实现教学活动有效性、针对性和时效性的关键。高校创新思政教学方式，对于其精准定位教学目标，进而实现教学目标十分必要，也至关重要。基于课程标准的总体要求，教师需要根据学科特点、学情分析及具体教学内容，进一步细化、具体化教学目标，使其更具可操作性和可评价性。精准的教学目标应该包含知识与技能、过程与方法、情感态度与价值观三个维度，既要关注学生认知能力的提升，也要注重学生情感、态度、价值观等非智力因素的培养。

在制定教学目标时，教师要充分考虑学生的认知起点和发展潜力，遵循学生的身心发展规律，将宏大、抽象的课程目标转化为具体、明确、可感知的学习任务。教学目标的设定应该符合学科逻辑，体现学科核心素养，同时又要体现学生的主体地位，激发其学习兴趣和探究欲望。教师可以运用布鲁姆教育目标分类学等理论，从识记、理解、运用、分析、评价、创造等不同层次设计教学目标，引导学生循序渐进地提升认知能力。

此外，教学目标还应该体现时代性和前瞻性，关注学科前沿问题，把握社会发展动向。教师要主动将新知识、新技术、新方法融入教学目标之中，引领学生开阔视野、把握时代脉搏。同时，教学目标的设定还要考虑实践应用，加强学科内部及学科之间的联系，帮助学生建构起完整的知识体系，提升运用知识解决实际问题的能力。

教学目标的精准定位离不开教师的课程意识和专业素养。教师要深入研读课程标准，全面把握课程目标，并结合教学实际对其进行创造性转化。在教学实践中，教师还应该及时评价教学目标达成情况，根据反馈信息动态调整目标设定，确保形成目标引领教学、检验教学、改进教学的良性循环。只有不断提升教学目标设置的科学性、针对性和可行性，才能为学生的全面发展提供有力支撑。

教学目标是牵引教与学活动的指南针，对于优化教学过程、提高人才培养质量具有决定性意义。在新时代背景下，教师必须树立精准教学理念，创新高校思政教学方式，努力提升教学设计能力，科学制定符合学生发展需求的教学目标。

三、完善教学评价体系

在全面贯彻落实育人方针的大背景下，高校思政课程的教学效果评价与反馈机制建设显得尤为重要。完善教学评价体系，需要高校创新思政教学方式。高校思政教学方式的创新，有利于高校形成科学、多元、动态的教学评价体系。这种教学评价体系不仅有助于检验教学目标的达成度，提升教学质量，更能激发教师的积极性和创造性，促进学生全面发展。

传统的思政教学评价往往局限于期末考试，偏重结果性评价，忽视了教学过程中的动态表现。这种片面化的评价方式难以全面反映教学实效，无法为教学改进提供有力支撑。要突破这一局限，就必须建立多维度、多主体参与的综合评价体系。首先，评价主体应更加多元化。除教师外，学生、家长、社会用人单位等都应纳入评价主体范畴，以形成多视角、立体化的评价结构。其次，评价内容要全面系统。不仅要考查学生对思政理论知识的掌握程度，更要重视学生思想政治素质、道德品质、法治意识等方面的提升。最后，评价方式要灵活多样。可采取定性评价与定量评价相结合、形成性评价与终结性评价相结合的方式，动态监测学生的发展变化。例如，可通过课堂提问、小组讨论等互动教学活动，及时了解学生的思想动态和认知水平；又如，可综合运用学生自评、师生互评、家长评价等多种评价手段，全面评价学生的综合素质和能力发展情况。

完善的教学评价体系离不开及时、高效的反馈机制。评价结果不能止步于呈现现状，更要用于指导教学实践，推动育人工作不断优化。为此，教师要高度重视评价反馈，通过多种渠道收集、整理、分析评价信息，找出教学中的突出问题和薄弱环节。在此基础上，教师有针对性地调整教学策略，改进教学方法，不断提升教学水平。同时，反馈机制的建立也有助于增进师生互动，营造良好的育人氛围。教师通过与学生充分交流，既可以更全面地了解学情，又能及时解答学生疑惑，清除思想障碍。学生通过参与教学评价，一方面可以强化主体意识，提高参与热情；另一方面，也能自觉接受思想引领，将其内化于心、外化于行，促进自身全面进步。

需要强调的是，完善教学评价体系不是一蹴而就的，而是一个持续改进、不断优化的过程。这就要求教育工作者树立发展眼光和创新意识，根据教学实际和学生特点，不断探索科学评价的新思路、新方法。只有建立起常态化的研究、落实、评价、反馈、改进机制，形成评价工作的良性循环，才能真正发挥评价的导向和促进作用，不断提升思政教学实效。

综上所述，在新时代背景下全面加强高校思政教学评价体系建设，对于深化教育教学改革，全面提升育人质量具有重要意义。唯有遵循评价规律，创新评价模式，完善反馈机制，才能更好地发挥高校思政课的主渠道作用，为培养德智体美劳全面发展的社会主义建设者和接班人提供坚实保障。这既是落实立德树人根本任务的必然要求，也是适应新时代人才培养需求的迫切需要。

第二节　全媒体时代高校思政的跨学科融合教学方式

跨学科融合教学方式不仅有助于提升高校思政教学的针对性和实效性，更能培养具有多学科知识技能和综合素养的复合型人才，以满足全媒体时代对人才的需求。然而，这种教学方式在实施过程中也面临着诸多挑战和困难，需要高校和教师共同努力来应对挑战、克服困难，以完善这种教学方式。

一、全媒体时代高校思政跨学科融合教学的理论基础

全媒体时代高校思政跨学科融合教学的理论基础主要包括系统论、认知心理学、建构主义学习理论及批判性思维理论等。这些理论为高校思政跨学科融合教学提供了坚实的支撑和指导，有助于推动高校思政教学的创新与发展。

（一）系统论

系统论是研究系统的一般模式、结构和规律的学问。它认为系统是由相互联系、相互作用的若干要素组成的具有特定功能的整体。将系统论应用于思政跨学科融合教学，可以将思政跨学科融合教学视为一个复杂的系统工程，从而深入理解其内在机制和优化路径。

首先，思政跨学科融合教学需要构建一个开放、动态的系统。这个系统不仅包含思政学科本身的知识体系，还应广泛吸纳其他相关学科的理论与方法，如历史学、社会学、心理学等。这些学科知识相互交织、相互渗透，共同构成了思政跨学科融合教学的丰富内涵。通过不同学科之间的交叉融合，可以打破单一学科的局限，拓宽学生的知识视野，培养其综合素养和跨学科思维能力。

在构建这个开放、动态的系统时，需要注重系统的开放性和包容性。这意味着要鼓励不同学科之间的交流和合作，打破学科壁垒，促进知识的共享和创新。同时，还需要关注系统的动态性，即随着时代的发展和社会的进步，不断调整和优化系统的结构和功能，以使其适应新的教学需求和环境变化。

其次，思政跨学科融合教学需要注重系统的整体性和协同性。系统论强调系统的整体功能大于部分之和，即各个要素在系统中的相互作用和相互依赖关系对于系统的整体性能具有重要影响。在思政跨学科融合教学中，不同学科的知识、理论和方法需要相互协调、相互配合，以形成一个有机的整体。这要求教师在教学设计和实施过程中，充分考虑不同学科之间的内在联系和相互影响，注重知识

的整合和融合，避免知识的割裂和碎片化。

为了实现系统的整体性和协同性，可以采取多种措施。例如，可以组织跨学科的教学团队，由不同学科的教师共同参与课程设计和教学实施；可以开展跨学科的教学研讨活动，促进教师之间的交流和合作；可以建立跨学科的教学资源库，实现知识的共享和整合等。这些措施有助于打破学科壁垒，促进知识的交叉融合和创新发展。

最后，思政跨学科融合教学需要不断优化系统的结构和功能。系统论认为，系统的结构和功能是相互关联的，优化系统的结构可以提升系统的功能。在思政跨学科融合教学中，通过不断调整和优化不同学科之间的融合方式和程度，可以提升系统的整体效能，并更好地服务于思政教学的目标。

优化系统的结构和功能可以从多个方面入手。例如，可以优化课程设置和教学内容，根据不同学科的特点和学生的需求进行合理搭配和组合；可以改进教学方法和手段，采用更加灵活多样、富有创意的教学方式来激发学生的学习兴趣和动力；可以加强实践教学，通过组织社会实践活动来培养学生的实践能力和创新精神等。这些措施有助于提升思政跨学科融合教学的质量和效果，实现思政教学的创新与发展。

（二）认知心理学

认知心理学是研究人类认知过程及其规律的学问。它认为人类的认知过程是一个复杂的信息加工过程，涉及感知、记忆、思维、想象等多个方面。将认知心理学应用于思政跨学科融合教学，可以深入揭示学生的认知规律和特点，为教学提供科学依据和指导。

首先，思政跨学科融合教学需要关注学生的认知发展水平和特点。认知心理学认为，不同年龄段和不同个体的认知发展水平存在差异。在思政跨学科融合教学过程中，需要充分考虑学生的认知发展水平和特点，因材施教、因势利导。通过了解学生的认知特点和需求，可以为其提供更加个性化、更加有针对性的教学服务。

例如，对于低年级的学生来说，他们的认知发展水平相对较低，注意力集中时间较短，思维方式较为直观和具体。因此，在思政跨学科融合教学中，可以采用更加生动、形象的教学方式来激发低年级学生的学习兴趣和动力，如通过故事讲解、角色扮演等方式，教师来呈现思政知识和理论。同时，还可以注重培养学生的观察力和想象力，引导他们通过观察和实践来深化对思政知识的理解和认识。

对于高年级的学生来说，他们的认知发展水平相对较高，思维方式更加抽象和逻辑化。因此，在思政跨学科融合教学中，可以更加注重培养高年级学生的逻辑思维和批判性思维能力。通过引入不同学科的知识和案例，教师来引导学生进行深入分析和评估信息，培养其独立思考和判断能力。同时，还可以鼓励学生参与讨论和交流活动，发表自己的观点和见解，培养其沟通能力和团队合作能力。

其次，思政跨学科融合教学需要注重激发学生的认知兴趣和动力。认知心理学认为，兴趣是学习最好的老师。教师通过引入不同学科的知识和案例来激发学生的学习兴趣和好奇心，可以增强其学习动力和内驱力。在思政跨学科融合教学中，可以充分利用多媒体技术、网络资源等来创设丰富多样的教学情境和氛围，使学生在轻松、愉快的氛围中学习思政知识和理论。

例如，可以利用视频、音频、动画等多媒体手段来呈现思政知识和理论，使其更加生动、形象；可以利用网络平台来开展在线讨论、互动问答等活动，促进学生的交流和合作；可以组织社会实践活动来让学生亲身体验思政知识的应用和价值等。这些措施有助于激发学生的学习兴趣和动力，提升其学习效果和思政教学的实效性。

最后，思政跨学科融合教学需要培养学生的认知能力和素养。认知心理学认为，认知能力是人类智力的核心组成部分，包括感知能力、记忆能力、思维能力、想象能力等多个方面。在思政跨学科融合教学中，通过不同学科之间的交叉融合和师生间的互动交流，教师可以培养学生的创新思维、批判性思维和解决问题的能力等认知能力和素养。这对于提升学生的综合素质，并使其适应全媒体时代的要求具有重要意义。

为了培养学生的认知能力和素养，可以采取多种措施。例如，可以组织学生进行跨学科的研究性学习活动，让他们自主选择研究课题和方法，进行自主探究和合作学习；可以开展案例分析、模拟演练等活动来培养学生的批判性思维和解决问题的能力；可以鼓励学生参与学术竞赛、科技创新等活动来锻炼其创新思维和实践能力等。这些措施有助于提升学生的认知能力和素养，为其未来的学习和发展奠定坚实基础。

（三）建构主义学习理论

建构主义学习理论强调学习者在学习过程中的主动建构作用。建构主义学习理论认为，学习不是简单地将知识从外部传递给内部的过程，而是学习者通过主动建构意义来获取知识的过程。将建构主义学习理论应用于思政跨学科融合教学，可以强调学生的主体性和参与性，推动思政教学的创新与发展。

首先，思政跨学科融合教学需要尊重学生的主体地位。建构主义学习理论认为，学生是学习的主体和中心，他们在学习过程中应该发挥主动性和创造性。在思政跨学科融合教学中，教师应该尊重学生的主体地位，关注他们的学习需求和兴趣点，引导他们主动探究和发现思政知识和理论。教师可以通过创设问题情境、组织讨论交流等方式来激发学生的学习兴趣和动力，培养其自主学习能力和创新能力。

例如，在思政课堂上，教师可以提出一些具有启发性和挑战性的问题来引导学生思考和讨论。这些问题可以涉及当前社会热点、历史事件、文化现象等多个方面，旨在激发学生的思考兴趣和探究欲望。同时，教师还可以鼓励学生发表自己的观点和见解，尊重他们的多元化思考和个性化表达。通过这种方式，教师可以培养学生的独立思考能力和创新精神，提升其学习效果和思政教学的实效性。

其次，思政跨学科融合教学需要注重情境教学和合作学习。建构主义学习理论认为，情境是学生学习的重要背景和条件之一。教师通过创设真实的或模拟的情境来激发学生的学习兴趣和动力，可以促进其主动建构意义和深化对知识的理解和认识。同时，合作学习也是建构主义学习理论所强调的一种重要学习方式。教师通过小组合作、讨论交流等方式来促进学生的互动合作和共同学习，可以培养其团队合作和沟通能力。

在思政跨学科融合教学中，可以充分利用多媒体技术、网络资源等现代教学手段来创设丰富多样的教学情境和氛围。例如，可以利用 VR 技术来模拟历史事件或社会现象的场景，让学生身临其境地感受思政知识的应用和价值；可以利用网络平台来组织在线讨论、互动问答等活动，促进学生的交流和合作；等等。这些措施有助于激发学生的学习兴趣和动力，提升其学习效果和思政教学的实效性。

同时，还可以注重培养学生的合作学习能力。例如，可以组织学生完成小组合作研究项目或社会实践活动等任务，让他们共同探究和解决问题；可以开展小组讨论、角色扮演等活动来促进学生的互动合作和共同学习；等等。这些措施有助于培养学生的团队合作和沟通能力，为其未来的学习和发展奠定坚实基础。

最后，思政跨学科融合教学需要关注学生的学习过程和体验。建构主义学习理论认为，学习是一个动态的过程，需要关注学生在学习过程中的思维活动、情感体验和行为表现等。在思政跨学科融合教学中，教师应该关注学生的学习过程和体验，通过评价其学习效果并调整教学策略来实现个性化教学和因材施教的目标。

例如，在思政跨学科融合教学中，教师可以采用形成性评价的方式来关注学生的学习过程和体验。形成性评价是一种注重学生学习过程和表现的评价方式，它强调及时反馈和调整教学策略，以促进学生更好地学习和发展。教师可以通过观察学生的课堂表现、提问和回答问题情况等方式来了解其学习状态和效果，并根据实际情况及时调整教学策略和方法。同时，还可以鼓励学生进行自我反思和评价，帮助他们发现自己的不足之处并加以改进。通过这种方式，教师可以实现个性化教学和因材施教的目标，提升思政教学的针对性和实效性。

（四）批判性思维理论

批判性思维是指对信息进行深入分析和评估的能力，它涉及推理、判断、质疑和反思等多个方面。在全媒体时代背景下，信息爆炸式增长，真假难辨，批判性思维对于高校思政教学具有重要意义。将批判性思维理论应用于思政跨学科融合教学，可以培养学生的独立思考能力和创新精神，提升其应对复杂多变的社会环境的能力。

首先，思政跨学科融合教学需要注重培养学生的批判性思维能力。批判性思维是一种高级的认知能力，它要求个体对信息进行深入分析和评估，以形成自己的判断和观点。在思政跨学科融合教学中，教师通过引入不同学科的知识和案例来引导学生进行深入分析和评估信息，并培养其独立思考和判断能力是非常重要的。这有助于提升学生的信息素养和媒体素养，并使其能够更好地应对全媒体时代的信息挑战。

为了培养学生的批判性思维能力，可以采取多种措施。例如，可以组织学生进行案例分析和讨论活动来引导他们深入思考和评估信息；可以开展辩论赛、演讲比赛等活动来锻炼学生的口头表达能力和逻辑思维能力；可以鼓励学生参与学术研究和社会实践活动来培养其独立思考和解决问题的能力；等等。这些措施有助于提升学生的批判性思维能力，并为其未来的学习和发展奠定坚实基础。

其次，思政跨学科融合教学需要鼓励学生的质疑精神和反思能力。质疑精神和反思能力是批判性思维的重要组成部分。在学习过程中，学生应该敢于质疑既有观点和结论，并勇于提出自己的见解和主张。同时，学生还需要不断反思自己的学习过程和效果，以发现不足并加以改进。这有助于培养学生的创新精神和自我发展能力。

为了鼓励学生的质疑精神和反思能力，教师可以采取多种措施。例如，在课堂上鼓励学生提出问题和质疑观点，并引导他们进行深入思考和讨论；可以组织学生进行自我反思和评价来帮助他们发现自己的不足之处并加以改进；等等。这些措施有助于激发学生的质疑精神和反思能力，并促进其创新精神和自我发展能力的提升。

最后，思政跨学科融合教学需要关注学生的价值观和伦理素养的培养。在跨学科融合的教学过程中，学生不仅需要掌握不同学科的知识和技能，还需要树立正确的价值观和伦理观。通过引导学生关注社会现实和国家发展大局，教师可以培养其社会责任感和使命感，使其成为具有高尚品德和强烈社会责任感的社会主义建设者和接班人。

为了关注学生的价值观和伦理素养的培养，教师可以采取多种措施。例如，在课堂上引入社会热点问题和历史事件，以引导学生思考和讨论其背后的价值观和伦理观；可以组织学生参与社会实践活动，以培养他们的社会责任感和奉献精神；可以开展道德教育和伦理教育课程，以专门培养学生的价值观和伦理观；等等。这些措施有助于引导学生树立正确的价值观和伦理观，并促进其成为具有高尚品德和强烈社会责任感的社会主义建设者和接班人。

综上所述，全媒体时代高校思政跨学科融合教学的理论基础包括系统论、认知心理学、建构主义学习理论及批判性思维理论等。这些理论为思政跨学科融合教学提供了坚实的支撑和指导，有助于推动思政教学的创新与发展。在实际教学中，教师应该充分理解这些理论，并运用它们来指导自己的教学实践，不断提升思政教学的质量和效果。

二、跨学科融合教学方式的优势

（一）培养复合型人才：构建多元知识体系，激发创新思维

跨学科融合教学方式的核心在于打破传统学科之间的壁垒，将不同学科的知识与方法进行有机整合，从而形成一个相互渗透、相互支撑的知识体系。这种教学方式不仅要求学生掌握本专业的核心知识和技能，还鼓励他们积极涉猎其他相关领域，拓宽视野，增强综合素质。例如，在生物工程专业的学习中，学生不仅需要掌握生物学和工程学的基础知识，还可以通过跨学科学习，了解计算机科学在生物工程中的应用，如利用编程进行基因序列分析，或运用材料科学改进生物医用材料。这样的教学方式，使学生能够更全面地理解不同学科之间的内在联系，形成更加全面、系统的知识体系。

在国际化背景下，跨学科融合教学方式显得尤为重要。随着国际交流的日益频繁，许多复杂问题往往涉及多个学科领域，需要综合运用多学科知识来进行分析和解决。例如，气候变化这一全球性问题就涉及地理学、环境科学、经济学、

政治学等多个学科。因此，具备跨学科知识和能力的人才，在国际竞争中更具优势。通过跨学科融合教学，教师可以培养学生跨文化交流的能力，增强其对国际事务的理解和应对能力，为其未来登上国际舞台做好准备。例如，教师可以在国际环境法课程中，结合法学、环境科学和国际关系学知识，培养学生在全球环境治理中的法律素养和外交能力。

此外，跨学科融合教学方式还有助于激发学生的创新思维。在跨学科的学习过程中，学生需要不断尝试将不同学科的知识和方法进行融合，探索新的解决问题的方式。例如，在艺术与科技结合的课程中，学生可以将设计思维与工程技术相结合，创造出既具有艺术美感又具备实用功能的产品。这种跨界的思考方式能够激发学生的创造力和想象力，使他们成为具有创新精神的人才。

（二）提升思政教学的针对性：贴近实际需求，增强教学时效性

传统的思政教学往往侧重于理论灌输和道德说教，这种单一的教学方式往往难以激发学生的学习兴趣和共鸣；而跨学科融合教学方式则为思政教学提供了新的思路和方法。通过整合不同学科的知识与方法，思政教学可以更加贴近学生的实际需求和社会热点问题，内容更加生动、有趣，易于被学生接受。

在思政课程中融入经济学知识，可以帮助学生从经济角度分析社会现象，理解国家政策的制定和实施过程。在思政课程中融入社会学知识，则可以帮助学生更好地理解社会结构和社会变迁，使其加深对社会问题的认识和理解。例如，在讨论“社会公平与正义”时，可以引入社会学中的社会分层、社会流动等理论，使学生更全面地思考社会公平问题。在思政课程中融入心理学知识，则可以帮助学生更好地认识自我，使其培养健康的心态和积极的人生态度。例如，在思政课教学中，教师可以结合心理学原理，教授学生如何管理情绪、应对压力，提升学生的心理素质，使他们树立正确的价值观。

同时，跨学科融合教学方式还有助于提升思政教学的时效性。随着社会的快速发展和信息的不断更新，思政教学需要紧跟时代步伐，及时反映社会热点和现实问题。通过跨学科融合教学，教师可以及时将最新的社会信息和学科知识融入思政教学中，使学生能够及时了解和掌握最新的思想动态和社会发展趋势。例如，在讲授“网络伦理与道德”时，教师可以结合最新的网络事件和法律法规，讨论网络空间的道德规范和法律责任，提升学生的网络素养和道德判断力。

（三）增强思政教学的实效性：创新教学方法，培养实践能力

跨学科融合教学方式不仅注重理论知识的传授，更强调实践能力的培养。通

过创新教学方法和手段，思政教学可以更加生动、形象、有趣，激发学生的学习兴趣和参与度。

教师可以采用案例教学的方式，选取具有代表性和典型性的案例，引导学生进行分析和讨论，使他们在实践中深化对思政理论的理解和运用。例如，在讲授“法治精神与法治实践”时，教师可以选取一些具有社会影响力的案例，引导学生讨论法律与道德、权利与义务等议题，增强学生的法治意识。

通过小组讨论的方式，学生可以相互交流和分享自己的观点和看法，培养团队合作和沟通能力。例如，在讲授“文化自信与民族复兴”时，教师可以组织学生进行小组讨论，探讨中华优秀传统文化的传承与创新、民族复兴的路径等问题，提升学生的文化自信和民族自豪感。通过角色扮演的方式，学生可以模拟实际场景，体验不同角色的思维和行为方式，增强社会适应能力和应变能力。例如，在讲授“职业道德与职业素养”时，教师可以组织学生进行角色扮演，模拟职场中的不同情境，提升学生的职业素养和职业道德水平。

此外，跨学科融合教学方式还注重培养学生的实践能力和创新精神。通过参与社会实践活动、科研项目等，学生可以亲身体验社会现实，了解社会问题的本质和根源，并将所学的思政理论应用于实际问题的解决之中。例如，在讲授“乡村振兴与社会实践”时，教师可以组织学生深入农村开展社会调查等实践活动，使其了解乡村发展现状和问题，并运用所学知识提出解决方案，提升学生的社会实践能力和创新能力。

同时，跨学科融合教学方式还有助于培养学生的批判性思维和独立思考能力。在跨学科的学习过程中，学生需要不断质疑和反思现有的知识和观点，探索新的思考方式和解决问题的方法。这种批判性的思考方式能够使学生更加独立自主地思考问题，不被传统的观念和框架所束缚，从而培养他们的创新意识和创新能力。例如，在讲授“科技伦理与社会责任”时，教师可以引导学生讨论科技发展的伦理问题和社会责任，培养学生的批判性思维和道德判断力。

综上所述，跨学科融合教学方式在培养复合型人才、提升思政教学的针对性和实效性方面具有重要作用。通过打破传统学科界限，整合不同学科的知识与方法，跨学科融合教学方式能够使学生建立更加全面、系统的知识体系，激发他们的创新思维和跨学科解决问题的能力；通过贴近学生实际需求和社会热点问题，跨学科融合教学方式能够使思政教学更加生动、有趣，易于被学生接受；通过创新教学方法和手段，跨学科融合教学方式能够培养学生的实践能力和创新精神，使他们能够更好地适应全媒体时代对人才的需求。

三、跨学科融合教学方式的具体实践

在当今知识爆炸的时代，单一学科的教学模式已难以满足社会对复合型人才的需求。跨学科融合教学方式作为一种新兴的教学方式，正逐渐成为高等教育改革的重要方向。它不仅能够打破学科壁垒，促进知识的综合运用与创新，还能够培养学生的综合素养，提升其在未来社会中的竞争力。以下是对跨学科融合教学方式具体实践的深入探讨。

（一）构建跨学科教学体系：奠定融合教育的基础

构建跨学科教学体系，是实现跨学科融合教学方式的首要任务。这一体系的构建需要高校从顶层设计上做出调整，充分考虑到自身实际情况和学科特点，确保跨学科课程的科学性与合理性。高校应鼓励和支持教师开设跨学科课程，这些课程应打破传统学科的界限，将不同学科的知识有机融合，形成新的知识体系。例如，可以将经济学与管理学相结合，开设“经济管理与决策”课程；或者将文学与艺术学相融合，开设“文学与艺术鉴赏”课程。

在课程设置上，高校可以采取模块化、选修制等灵活多样的方式，以满足学生不同的学习需求和兴趣。模块化课程可以将跨学科知识划分为多个相对独立但又相互关联的模块，学生可以根据自己的兴趣和职业规划，选择相应的模块进行学习。选修制则赋予学生更大的选择权，让他们根据自己的兴趣和特长，在广泛的课程中选择最适合自己的学习内容。

此外，高校还应加强学科间的交流与合作，建立跨学科教学团队。这些团队应由来自不同学科的优秀教师组成，他们共同制订教学计划、确定教学大纲，确保跨学科课程的连贯性和系统性。团队成员之间应定期进行教学研讨，分享教学经验和心得，不断优化教学内容和方法。同时，高校还应为跨学科教学团队提供必要的支持和保障，如资金支持、教学设施保障等，以确保跨学科融合教学方式的顺利实施。

（二）整合教学资源：拓宽学生的学习视野

全媒体时代为思政教学提供了前所未有的丰富教学资源。高校应充分利用这些资源，整合不同学科的教学材料、案例、视频等，为学生提供更加丰富、多元的学习材料。这不仅可以激发学生的学习兴趣，还能够拓宽他们的知识面和视野。

为了实现教学资源的有效整合，高校可以建立跨学科教学资源库。跨学科教学资源库应包含各学科的教学资源，如课件、教案、案例、视频等，并按照学科、主题或知识点进行分类、整理和共享。教师可以根据自己的教学需求，从跨学科教学资源库中选择合适的教学资源，进行个性化的教学设计。同时，学生也可以根据自己的学习兴趣和需求，从跨学科教学资源库中获取相关的学习材料，进行自主学习和探究。

除建立跨学科教学资源库外，高校还可以利用网络平台开展在线教学。在线教学可以突破时间和空间的限制，让学生随时随地获取学习资源，实现学习的灵活性和便捷性。高校可以引入优质的在线课程平台，如慕课、微课等，为学生提供丰富的在线学习资源。同时，教师还可以利用在线教学平台开展远程授课、答疑解惑等教学活动，提高教学效率和质量。

通过整合教学资源，高校不仅可以为学生提供更加丰富、多元的学习材料，还能够促进不同学科之间的知识融合与创新。这不仅可以提高学生的学习兴趣和参与度，还能够培养他们的跨学科思维能力和创新能力。

（三）创新教学方法：激发学生的学习潜能

教学方法是实施跨学科融合教学方式的关键。传统的教学方法往往注重知识的传授和灌输，而忽视了学生的主体性和创造性。为了激发学生的学习兴趣和潜能，教师应摒弃传统的教学方法，采用合作学习、项目式学习、案例教学等新型教学方法。

合作学习是一种有效的学习方式，它可以促进学生之间的相互交流与合作。在合作学习中，学生可以组成学习小组，共同完成学习任务。小组成员之间可以相互借鉴、取长补短，共同解决问题。这种学习方式不仅可以提高学生的团队合作能力，还能够培养他们的沟通能力和社交技能。

项目式学习则是一种以学生为中心的学习方式，它鼓励学生围绕某一主题或问题进行深入研究，培养其实践能力和创新精神。在项目式学习中，学生可以自主选择研究课题，制订研究计划，并进行实地考察、数据收集、分析论证等工作。通过项目式学习，学生可以深入了解所学知识的实际应用，培养解决问题的能力和创新精神。

案例教学则是一种通过具体案例来学习和理解知识的方式。在案例教学中，教师可以选取具有代表性的案例，引导学生进行分析和讨论。通过分析具体案例，学生可以深入理解思政理论在实际中的应用，增强对知识的理解和认同。同时，案例教学还可以培养学生的批判性思维和解决问题能力。

这些新型教学方法不仅能够激发学生的学习兴趣和参与度，还能够培养他们的团队合作能力和跨学科解决问题的能力。教师应根据教学内容和学生的实际情况，灵活选择和使用这些教学方法，以达到最佳的教学效果。

（四）强化实践教学：提升学生的综合素质

思政教学不仅要有理论知识的传授，更要有实践能力的培养。实践是检验真理的唯一标准，也是培养学生综合素质的重要途径。高校应注重思政教学的实践性向度，引导学生走向社会、走进基层，在实践中检验真理、发展理论。

为了强化实践教学，高校可以组织学生参加社会调查、志愿服务、实习实训等活动。社会调查可以让学生深入了解社会现实和民生问题，增强他们的社会责任感和使命感。志愿服务可以培养学生的奉献精神和服务意识，让他们在实践中学会关爱他人、服务社会。实习实训则可以让学生将所学知识应用于实际工作中，提高他们的职业能力和综合素质。

除上述实践活动外，高校还可以结合社会热点和时事新闻开展实践教学活动。例如，可以组织辩论赛、演讲比赛、模拟法庭等活动，让学生在实践中锻炼自己的表达能力和思维能力。这些活动不仅可以增强学生的自信心和表达能力，还能够培养他们的逻辑思维和批判性思维。

通过强化实践教学，高校不仅可以增强学生的社会责任感和使命感，还能够提高他们的综合素质和创新能力。实践教学可以让学生亲身体验社会现实，深入了解所学知识的实际应用，从而更加深刻地理解思政理论的重要性和价值。同时，实践教学还可以培养学生的实践能力和职业素养，为他们的未来职业发展打下坚实的基础。

（五）加强媒介素养教育：应对全媒体时代的挑战

在全媒体时代，信息传播的速度和广度都达到了前所未有的水平。然而，信息的真实性、准确性和价值性却难以保证。面对海量的信息，学生需要具备辨别真伪、筛选有效信息的能力。因此，高校应在思政课程中融入媒介素养教育，提高学生的媒介素养和批判性思维。

媒介素养教育应成为思政课程的重要组成部分。高校可以开设媒介素养课程或讲座，向学生介绍媒介的基本知识和运作原理，让他们了解媒介在信息传播中的作用和影响。同时，教师还可以组织学生进行信息筛选和批判性思维的训练，培养他们的信息素养和批判性思维。例如，可以引导学生对新闻报道进行解读和分析，判断其真实性和价值性；或者让学生参与网络舆情的监测和分析，了解舆论的形成和传播规律。

除课堂教学外，高校还可以利用校园媒体平台开展媒介素养教育活动。例如，可以组织学生参与校园新闻的采编和发布工作，让他们亲身体验新闻工作的流程和规范；还可以利用校园广播、电视等媒体平台开展媒介素养宣传和教育活动，增强学生的媒介素养和意识。

通过加强媒介素养教育，高校不仅可以帮助学生更好地应对全媒体时代的信息挑战，还能够提高他们的综合素质和创新能力。媒介素养教育可以让学生具备辨别真伪、筛选有效信息的能力，避免被虚假信息误导。同时，媒介素养教育还可以培养学生的批判性思维和创新能力，让他们在未来的社会竞争中更加具有优势。

第三节 全媒体时代高校思政的互动式教学方式

一、互动式教学的理论基础

（一）互动理论概述

互动理论为全媒体时代高校思政教学创新提供了重要的理论支撑。互动理论强调个体之间的相互作用和影响，认为人的行为和心理发展是在与他人互动的过程中形成和发展的。这一理论突破了传统观念，强调教师与学生之间要建立平等、民主的师生关系，倡导师生之间、生生之间的交流与互动，有助于营造良好的教学氛围，激发学生的学习兴趣和主动性。

应用互动理论指导高校思政教学，需要教师转变教学理念、创新教学方式。一方面，教师要树立以学生为中心的教学理念，尊重学生的主体地位，关注学生的个性发展。教学过程中，教师要善于倾听学生的声音，鼓励学生表达自己的观点，引导学生进行探究性学习。另一方面，教师要积极利用信息技术手段，拓展师生互动的时间和空间。借助网络平台，教师可以与学生进行课前、课后的交流讨论，及时了解学生的学习情况和思想动态，有针对性地进行教学设计。同时，教师还可以通过开展在线教学活动，如在线测试、在线讨论等，增加师生互动的频率和深度。

互动理论还强调学生在互动中的主动建构作用。这就要求教师在教学中为学生创设丰富的互动情境，引导学生在与他人的思想交流与碰撞中构建自己的知识体系。例如，教师可以采用小组合作学习的方式组织教学，让学生在小组内部分工合作、相互启发，在讨论交流中加深对知识的理解。又如，教师可以开展案例分析、角色扮演等教学活动，让学生在互动中形成多元思维、在情境中体验不同角色。通过参与这些互动式教学活动，学生不仅能够掌握知识技能，还能提升分析问题、解决问题的能力，锻炼语言表达、逻辑思辨等综合素质。

此外，互动理论对高校思政教学的价值取向和育人导向也有重要启示。在互动过程中，教师不仅要注重知识的传授，更要注重价值观的引领。通过师生之间、生生之间的平等对话和深度交流，教师要善于将社会主义核心价值观与正确的世界观、人生观、价值观潜移默化地渗透到教学全过程，引导学生形成正确的政治方向和道德品质。同时，教师还要关注学生的情感体验，在互动中给予学生更多的理解、尊重和包容，帮助学生塑造健全的人格、积极的心理品质。

总之，互动理论以其开放、平等、民主的理念，为全媒体时代高校思政教学创新指明了方向。教师应立足互动理论，积极探索互动式教学模式，创设丰富的互动情境，促进师生之间、生生之间的深度交流，在潜移默化中实现知识传授与价值引领的有机统一。只有不断深化教学改革、创新教学方法，才能真正发挥高校思政课的育人功能，培养德智体美劳全面发展的社会主义建设者和接班人。

（二）教学理论支持

互动式教学作为一种创新的教学模式，在全媒体时代高校思政教学中具有重要的理论价值和实践意义。它既符合当代大学生的学习特点和认知规律，又契合思政教学的内在要求和发展趋势。互动式教学能够有效突破传统思政教学的局限，激发学生的学习兴趣，提高教学效果，促进学生全面发展。

从学习理论的角度来看，互动式教学能够很好地契合建构主义学习理论的基本观点。建构主义认为，学习是学习者基于原有经验，通过与外部环境的互动而主动构建知识的过程。在这一过程中，学生不再是被动地接收知识，而是要成为学习的主人，积极参与知识建构的过程。教师则从知识的传授者转变为学习的引导者和协助者，为学生提供丰富的学习资源，创设良好的学习情境，引导学生自主探索、合作交流，最终实现对知识的内化和迁移。互动式教学正是以学生为中心，强调师生互动、生生互动，鼓励学生主动参与、积极思考，从而推动学生深层次地理解和掌握知识，提高其分析问题、解决问题的能力。

从思政教学的内在要求来看，互动式教学有利于实现思政教学的价值引领和能力培养目标。思政教学要坚持知行合一，既要重视理论的学习和掌握，又要注重理论在实践中的运用和检验。然而，传统的思政教学往往过于强调理论灌输，容易忽视学生的主体性和能动性，导致学生难以真正理解和内化马克思主义基本原理，更谈不上将其运用于社会实践。互动式教学则通过设置问题情境、开展案例分析、组织主题讨论等方式，引导学生将所学理论知识与现实问题相联系，从而使学生加深对理论的理解和认识。同时，互动式教学还能够锻炼学生的表达能力、沟通能力、批判性思维能力等，这些都是学生适应社会发展、践行社会主义核心价值观所必需的关键能力。

从思政教学的发展趋势来看，互动式教学顺应了“互联网 +”背景下思政教学变革的客观要求。随着新媒体技术的迅猛发展，当代大学生的学习方式和思维方式都发生了深刻变化。他们更加注重个性化、互动性和参与感，传统的“满堂灌”式教学已经难以适应其学习需求。互动式教学则能够充分利用网络平台，整合各类数字化教学资源，构建起线上线下相结合的立体化教学模式。通过微课、慕课、直播课等多种形式，教师可以为学生提供更加丰富、生动的学习内容，拓展教学的时空边界。学生则可以利用碎片化时间进行自主学习，并通过弹幕、讨论区等与教师、同学进行互动交流，增强学习的获得感和参与感。可以说，互动式教学有效融合了思政教学与信息技术，为思政教学注入了新的活力和动力。

总之，互动式教学在全媒体时代高校思政教学中具有重要作用和广阔前景。它符合学习理论的基本规律，契合思政教学的内在要求，顺应思政教学的发展趋势。高校应积极推进互动式教学的设计与实施，不断创新教学模式和方法，提高思政教学质量，促进学生全面发展。这不仅是深化高校思政教学改革的必然要求，也是培养担当民族复兴大任时代新人的迫切需要。

二、互动式教学的课程设计原则与实施步骤

（一）课程设计原则

全媒体时代高校思政互动式教学课程的设计需要遵循科学合理的原则，以确保教学质量和效果。

其一，课程设计应以学生为中心，充分考虑学生的认知特点、兴趣爱好和学习需求。教师要深入了解学生的思想动态和价值取向，有针对性地选择教学内容和方式，激发学生的学习兴趣和主动性。通过设置开放性问题、组织小组讨论、开展角色扮演等多样化的互动环节，教师鼓励学生表达观点、碰撞思想，在交流互动中加深对思政理论的理解和认同。

其二，课程设计应注重理论与实践相结合。思政课不能停留在抽象的理论讲授层面上，而应引导学生将所学知识应用于现实生活。教师可以充分利用全媒体

资源，选取生动鲜活的案例，帮助学生将理论知识与社会实践相联系。同时，还可以创设情境，设计实践任务，引导学生走出课堂、深入社会，在实践中检验和内化思政理论。课程设计通过理论与实践的有机结合，提升思政课的针对性和实效性。

其三，课程设计应体现思政教学的价值导向。高校思政课担负着培养社会主义建设者和接班人的重任，必须坚持马克思主义的指导地位，用习近平新时代中国特色社会主义思想铸魂育人。在教学内容的选择上，要突出思政课的政治属性和价值取向，引导学生增强“四个意识”、坚定“四个自信”，始终同以习近平同志为核心的党中央保持高度一致。同时，思政课要加强学生的爱国主义情怀、集体主义精神、社会主义核心价值观等教育，引导学生将个人理想自觉融入国家和民族的事业中，使其成长为德智体美劳全面发展的社会主义建设者和接班人。

其四，课程设计还应注重创新能力的培养。在全媒体时代，知识更新速度加快，社会发展日新月异。思政课要引导学生主动适应新形势、应对新挑战、把握新机遇，这就需要培养学生的创新意识和创新能力。教师应鼓励学生打破思维定式，勇于质疑、善于思考，提出新颖、独到的见解。教师通过开展头脑风暴、设计创意活动等，激发学生的创新灵感，提升其分析问题和解决问题的能力。唯有不断创新，才能使思政教学始终保持生机、活力。

其五，课程设计应强调过程性评价。传统的思政课评价往往偏重期末考试的结果，忽视了学生的学习过程和情感体验；而互动式教学更加注重学生的参与度和投入度，因此评价方式也应随之改变。教师要建立多元化的评价体系，综合考查学生在课堂互动讨论、实践活动等环节中的表现情况，全面评价学生的思想道德素质和实践能力提升情况。通过过程性评价，教师可以引导学生重视学习过程，端正学习态度，从而达到思政教学的目的。

总之，全媒体时代高校思政互动式教学课程的设计应坚持以学生为中心、理论与实践相结合、体现价值导向、注重创新能力培养、强调过程性评价等原则。只有不断探索教学规律、创新教学模式，才能真正增强思政课的吸引力和感染力，落实立德树人的根本任务。

（二）实施步骤

互动式教学作为一种新型的教学模式，其实施步骤需要教师根据教学内容、学情特点和教学目标进行精心设计和安排。首先，教师应深入分析教学内容，梳理知识点之间的逻辑关系，明确互动环节的教学重点和难点。在此基础上，教师可以选择案例分析、小组讨论、角色扮演等多种互动形式，设计具体的教学活动。其次，在课堂教学中，教师要为学生营造轻松、愉悦、平等的互动氛围，鼓励学生积极参与、畅所欲言。教师应充分发挥引导者和协调者的作用，提出有价值的问题，引导学生深入思考和探讨。最后，教师还要关注每一位学生的参与状态，适时给予启发和点拨，确保互动环节的教学效果。

此外，互动式教学的实施还离不开现代信息技术的支持。利用多媒体课件、在线教学平台等手段，教师可以创设生动形象的教学情境，为学生提供丰富的学习资源和自主探究的机会。学生也可以通过网络平台进行课前预习、课后复习和延伸拓展，与教师、同学开展跨时空的互动交流。这种线上线下相结合的混合式教学模式，能够最大限度地调动学生的学习积极性，提高教学的针对性和实效性。

需要指出的是，互动式教学的实施效果取决于教师的教学设计和组织能力。教师要根据教学内容和教学目标，合理控制互动的时间、频率和深度，避免盲目追求形式而忽视教学实质。同时，教师还要注重引导学生的互动方向，防止讨论跑偏或出现过于激烈的争论。只有在教师的科学组织和灵活调控下，互动式教学才能真正发挥出促进学生深度学习、提升思政教学质量的积极作用。

总之，互动式教学作为一种富有生命力和创新性的教学方式，为全媒体时代高校思政教学改革提供了新的思路和路径。通过精心设计互动环节，营造良好的互动氛围，合理运用信息技术手段，教师不断提升自身的教学组织能力，从而推动高校思政课程与教学方式的创新。

第四节　全媒体时代高校思政的网络教学方式

一、网络教学平台的选择与应用

（一）网络教学平台功能评估

网络教学平台功能评估是全媒体时代高校思政教学方式创新的重要前提和基础。随着信息技术的迅猛发展和教育教学理念的不断更新，传统的思政教学模式已经难以满足新时代大学生的学习需求。因此，深入分析网络教学平台的功能特点，科学评估其在思政教学中的应用价值，已经成为思政教育工作者的重要课题。

系统梳理网络教学平台功能布局，是开展网络教学平台功能评估的基础。当前，市面上流行的网络教学平台种类繁多、功能各异。有些侧重于教学资源的管理和呈现，有些擅长互动交流和合作学习，还有些在学习数据分析和个性化推荐方面独具特色。面对纷繁复杂的功能，教师必须立足教学实际，理清各功能模块之间的逻辑关系，构建起科学、合理的功能评估框架。只有这样，才能准确把握不同网络教学平台的优势和局限，为网络教学平台的选择和应用提供可靠依据。

聚焦关键功能是提升网络教学平台功能评估针对性的重要举措。思政教学不同于一般的学科教学，它担负着对学生进行思政教育和价值观塑造的重任。因此，在评估网络教学平台功能时，教师要特别关注那些有助于加强师生互动、激发学生思考、引导价值认同的关键功能。例如，网络教学平台是否支持多种形式的在线讨论和辩论，能否实现生成式学习任务的布置和跟踪，是否具备个性化学习资源的推送和精准教学干预的智能化功能等。唯有聚焦“育人”这一思政教学的核心诉求，才能确保功能评估聚焦主题、突出重点。

兼顾前沿性和实用性是深化网络教学平台功能评估的必然要求。网络教学平台是技术创新和教育变革的产物，其功能设计往往代表了教育信息化的最新发展方向。因此，在评估网络教学平台功能时，教师要关注前沿理念和智能技术在网络教学平台中的应用，如自适应学习、学习分析、虚拟现实等，以此来拓展思政教学的新空间和新可能；同时，还要立足教学一线的实际需求，客观评估各项前沿功能的成熟度和可用性，防止脱离实际、盲目跟风。唯有如此，才能在前沿性和实用性之间达成平衡，使网络教学平台功能评估更具科学性和指导性。

注重师生体验是提高网络教学平台功能评估质量的关键环节。再先进的教学功能，如果师生难以理解、不愿使用，也就失去了应有的价值。因此，在评估网络教学平台功能的过程中，开发者要站在使用者的角度，考察各项功能的界面设计、交互体验是否友好，操作流程是否便捷、高效；还要通过问卷调查、访谈等方式广泛征求师生意见，了解他们对网络教学平台功能的实际需求和使用感受。唯有将师生体验作为评判网络教学平台功能优劣的重要标准，才能确保评估结果的针对性和实效性。

总之，网络教学平台功能评估是一项系统性、专业性较强的工作，需要思政课教师立足育人实际，把握技术前沿，兼顾使用体验，在多重维度中权衡取舍、找准平衡。只有建立科学严谨的评估标准，形成完善可行的评估机制，才能真正发挥网络教学平台的独特优势，创新思政教学模式，提升教学质量和育人实效。这既是全媒体时代思政教育工作者的使命所在，也是高校落实立德树人根本任务的必然要求。

（二）用户体验优化

网络教学平台的用户体验优化是提升全媒体时代高校思政教学质量的关键。随着信息技术的迅速发展，网络教学已经成为高校思政教学的重要组成部分。然而，如果网络教学平台的设计和功能不能满足学生的实际需求，再先进的技术也无法发挥其应有的作用。因此，深入分析学生在使用网络教学平台时的心理和行为特点，从用户体验的角度优化平台设计，已经成为思政教育工作者的重要课题。

学生在使用网络教学平台时，最关注的是网络教学平台的可用性和易用性。可用性关注的是平台的功能是否完备，能否满足学生在线学习的各种需求，如课程视频观看、在线讨论、作业提交、知识检索等。易用性则关注平台操作是否简便和友好，学生能否快速上手，无障碍地使用各项功能。为了提升网络教学平台的可用性和易用性，设计者应该深入了解学生在学习过程中的实际需求，并以此为依据优化网络教学平台的功能布局和操作流程。例如，设计者可以通过用户调研、数据分析等方式，精准把握学生的学习行为和偏好，据此设计个性化的学习路径和推荐机制，提供智能化、精准化的学习服务。

除功能性需求外，学生对网络教学平台的审美需求和情感体验也十分看重。良好的视觉设计、合理的色彩搭配、友好的交互方式，都能够带给学生愉悦、舒适的使用感受，激发其学习兴趣和积极性。相反，如果平台界面杂乱无章、交互方式复杂生涩，学生很容易产生审美疲劳和厌倦情绪，从而降低学习效率。因此，在设计网络教学平台时，设计者应该充分考虑学生的审美需求和情感体验，运用人性化的设计理念，营造良好的学习氛围。例如，可以根据思政课程的特点，设计富有思想性、艺术性的界面风格，使用温暖、鼓舞人心的色调，并适时嵌入励志格言、经典语录等元素，潜移默化地引导学生形成正确的价值观。

网络教学平台的互动性也是影响用户体验的重要因素。思政课程不同于一般的知识性课程，更加注重引导学生进行深度思考和价值澄清。因此，网络教学平台应为师生互动、生生互动提供充足的空间和机会。一方面，网络教学平台应具备完善的在线讨论功能，支持多人同时参与，并能够灵活设置讨论主题、小组成员等，便于师生就课程内容进行深入研讨。另一方面，网络教学平台还应开发新颖、有趣的互动形式，如头脑风暴、角色扮演等，调动学生的参与热情，培养其理性思辨、沟通协作的能力。同时，教师应发挥引导者、组织者的作用，积极参与互动讨论，启发学生多角度、全方位地分析问题，引导其形成正确的世界观、人生观和价值观。

此外，网络教学平台的个性化服务也是优化用户体验的重要举措。每个学生的学习基础、认知特点都存在差异，对学习内容和学习方式的需求也不尽相同。因此，网络教学平台应该能够精准分析学生的学习行为数据，构建个性化的学习档案，并在此基础上提供差异化的学习资源和服务。例如，对于基础较弱的学生，网络教学平台可以推送补充性的微课程和阅读材料，并提供一对一的在线辅导；而对于学有余力的学生，网络教学平台则可以提供拓展性的项目任务和实践机会，激励其进行更高阶的探究和创新。这种个性化、精准化的教学服务，不仅能够满足不同学生的发展需求，也能够大幅提升学生的获得感和满意度。

网络教学平台的用户体验优化是一个系统工程，需要从学生需求出发，多维度、全方位地进行设计和完善。在注重网络教学平台功能性的同时，还要重视学生的审美需求、情感体验和个性化需求，营造良好的学习氛围，提供精准化、个性化的教学服务。只有不断提升网络教学平台的可用性、易用性、互动性和个性化水平，才能真正激发学生的学习兴趣和主动性，实现思政教学与信息技术的深度融合，推动思政教学质量的整体提升。这既是全媒体时代高校思政教育工作的客观要求，也是广大思政教育工作者的使命所在。

（三）网络教学平台技术支持

在全媒体时代，高校思政教学面临着新的机遇和挑战。网络教学平台作为一种创新的教学方式，对于推动高校思政教学模式改革、提升教学质量和效果具有重要意义。然而，要真正发挥网络教学平台的优势，实现其与高校思政教学的深度融合，还需要在网络教学平台技术支持方面下足功夫。

高校思政教学对网络教学平台技术支持提出了较高要求。首先，网络教学平台需要具备稳定、高效的运行能力。思政课程往往涉及大量的理论阐述和案例分析，教学内容丰富，媒体形式多样。这就需要网络教学平台能够支持多种格式的教学资源上传和管理，确保教学内容的顺畅呈现。同时，面对大规模的在线教学需求，网络教学平台还应具备并发访问能力，保证教学活动的正常开展。其次，网络教学平台应提供完善的互动功能。思政教学不同于一般的知识传授，更加注重引导学生思考、讨论，加强师生之间、生生之间的交流互动。因此，网络教学平台需要支持在线讨论、问卷调查、分组合作等多种互动形式，为师生营造良好的网上教学氛围。最后，网络教学平台还应提供个性化服务，如学情跟踪、学习提醒等，以满足师生的差异化需求。

为了强化网络教学平台的技术支持，进一步助推高校思政教学创新，相关部门和高校应采取多方面举措。一是加大网络教学平台建设投入。高校应根据思政教学需求，优化网络教学平台功能设计，完善技术架构，提供充足的硬件和软件支持，为网络教学平台的升级改造提供有力保障。二是强化网络教学平台管理与服务。建立专门的网络教学平台管理和服务团队，及时响应师生反馈，优化网络教学平台运行，提供全方位的技术支持和咨询服务。定期开展网络教学平台使用培训，帮助师生熟悉和掌握网络教学平台操作，提高其信息化教学能力。三是营造良好的网络教学平台应用环境。加强网络教学平台与思政课程教学的衔接，鼓励教师积极运用网络教学平台开展教学创新，探索翻转课堂、混合式教学等新型教学模式。完善网络教学平台应用的激励机制，将教师运用信息技术开展教学的情况纳入考核评价体系。搭建交流分享平台，促进优秀网络教学经验的推广。

网络教学平台的技术支持是高校思政教学创新的重要基础。只有不断强化网络教学平台建设，优化技术支撑，提供优质服务，才能推动网络教学与思政课程的有机融合，不断提升思政教学的针对性和实效性。这不仅有利于拓展思政教学的时空边界，促进教学模式的变革创新，更有助于增强思政教学的吸引力和感染力，推动大学生思想政治素质的提升。在全媒体时代，加强网络教学平台技术支持，是高校思政教育工作者的使命所在，也是顺应信息化发展大势、推动思政教学守正创新的必然要求。

二、网络教学资源的开发与整合

（一）网络教学资源分类

网络教学资源作为支撑网络教学活动顺利开展的基础，在全媒体时代的高校思政教学中发挥着越来越重要的作用。随着信息技术的迅猛发展和教育教学理念的不断更新，传统的教学资源已经难以满足新时代大学生的学习需求。因此，开发丰富多样、结构合理的网络教学资源，已成为提升高校思政教学质量和效果的关键举措。

从资源形态来看，高校思政网络教学资源可分为文本型、图像型、音频型、视频型、动画型等多种形式。文本资源包括电子教材、讲义、案例、论文等，是网络教学最基本、最常用的资源类型。图像资源如思维导图、知识结构图、照片等，能够直观形象地呈现教学内容，帮助学生加深理解和记忆。音频资源能够为学生提供灵活、便捷的学习方式，尤其适用于偏重听说训练的语言类课程。视频资源集声音、图像、文字于一体，生动、立体地呈现教学内容，有助于调动学生的多种感官，提高学生的学习兴趣。动画资源利用计算机技术，将抽象复杂的概念或过程直观地呈现出来，便于学生理解、掌握。

从教学功能来看，网络教学资源可以分为课程教学资源、拓展学习资源、实践训练资源等类型。课程教学资源是为实现课程教学目标、完成教学任务而开发的各类资源，包括教学大纲、教案、课件、微课、教学录像等，是开展网络教学活动的核心资源。拓展学习资源是为满足学生个性化学习需求，拓宽学生知识视野而提供的补充性资源，如经典著作、研究报告、时事评论等，有助于引导学生开展自主学习和探究性学习。实践训练资源则聚焦于提升学生实践能力和创新精神，通过设计实验、案例分析、项目研究等任务，锻炼学生运用所学知识解决实际问题的综合素质。

从呈现方式来看，网络教学资源可分为线性资源和非线性资源两大类。线性资源按照预设的顺序呈现教学内容，学生只能被动地接收，缺乏互动性和灵活性。非线性资源则充分利用超文本、超媒体等技术手段，打破传统的线性结构，为学生提供多种学习路径，便于其根据自身特点和需求，主动选择学习内容和进度，真正实现自主化、个性化学习。

需要指出的是，高质量的网络教学资源建设离不开教师的积极参与和精心设计。教师应深入分析教学内容，把握教学重难点，充分利用现代信息技术手段，开发制作适合学生认知特点的教学资源。同时，建设性学习理论、多媒体学习理论等现代教育理论也应成为指导教学资源开发的重要依据。只有遵循学生身心发展规律，激发学生学习兴趣，调动学生学习积极性，才能真正发挥网络教学资源的独特优势，助力学生实现高阶性、创新性、内化性的深度学习。

综上所述，网络教学资源的类型划分需要从资源形态、教学功能、呈现方式等多个维度来考虑。科学、合理地开发、整合各类网络教学资源，既是顺应信息化时代教育发展趋势的必然要求，也是全面提升高校思政教学质量和水平的现实路径。在新时代背景下，广大思政教育工作者应立足思政育人目标，不断创新教学理念、改进教学方法，为学生提供丰富多样、贴近生活、富有吸引力的优质网络学习资源，引导学生增强“四个意识”、坚定“四个自信”，成长为担当民族复兴大任的时代新人，为以中国式现代化全面推进中华民族伟大复兴贡献智慧和力量。

（二）网络教学资源整合策略

网络教学资源的整合是一项复杂而系统的工程，需要从资源形态、整合策略、更新机制等多个维度进行综合考量。科学合理的网络教学资源整合策略不仅能够提高网络教学资源的利用效率，促进优质网络教学资源的共享，更能够为学生提供丰富多样、内容优质的学习资料，满足其个性化、多层次的学习需求。

从资源形态的角度来看，网络教学资源涵盖了文本、图片、音频、视频、动画等多种形式，不同形态的资源在教学中发挥着不同的作用。文本资源如电子教材、讲义、案例等，是传授知识、阐释理论的重要载体；图片资源如思维导图、信息图等，有助于学生理解抽象概念，把握知识脉络；音频资源如名师讲座、专家访谈等，能够拓宽学生视野，激发学习兴趣；视频资源如教学录像、微课视频等，通过动态演示和情境模拟，使学习内容更加直观、生动；动画资源如 flash 课件、交互式练习等，通过人机互动和即时反馈，提高了学习的参与度和趣味性。在整合教学资源时，教师应根据课程特点和教学目标，合理搭配不同形态的资源，形成多维一体、协同高效的资源体系。

从整合策略的角度来看，网络教学资源的整合应遵循系统性、针对性、创新性的原则。系统性整合要求教师立足课程全局，统筹规划各章节、各知识点的资源配置，使之形成内在关联、相互支撑的有机整体。针对性整合强调根据学情分析和学习需求，为不同层次、不同风格的学生提供个性化的资源组合，实现教学内容、教学策略与学生特点的最佳匹配。创新性整合鼓励教师积极开发既符合学生认知规律、又富有时代特色的新型资源形式，不断增强资源的吸引力和感染力。例如，教师可以利用 VR、AR 等新兴技术手段，创设沉浸式、交互式的学习情境，引导学生在做中学、在学中思。

从更新机制的角度来看，网络教学资源的整合应坚持动态更新、持续优化的理念。一方面，教师应密切关注学科前沿、技术前沿，及时补充和更新最新的研究成果、实践案例，使教学内容紧跟时代步伐，反映社会发展需求。另一方面，教师还应通过学情跟踪、学习分析等方式，动态评价现有资源的教学效果，不断改进资源的呈现方式、交互设计，提升资源的针对性和实效性。同时，教师还可以搭建师生互动、生生互动的网络平台，鼓励学生参与资源的二次创作和生成性学习，实现资源的动态更新和持续积累。

总之，网络教学资源的整合是一个动态演进、不断优化的过程。只有坚持以学生发展为中心，遵循教育教学规律，创新资源整合模式，才能不断提高资源的质量和效益，为学生提供个性化、智能化的优质学习服务，为实现教育现代化贡献智慧和力量。

（三）网络教学资源更新机制

网络教学资源更新机制是高校思政网络教学成功的关键因素之一。在全媒体时代，知识更新速度加快，信息量呈爆发式增长，传统的教学资源已难以满足学生日益增长的学习需求。因此，建立完善、高效的资源更新机制，及时充实和优化网络教学资源，对于提升网络教学质量、增强教学吸引力和感染力具有重要意义。

从资源内容的角度看，思政网络教学资源的更新应立足时代发展，紧跟社会热点。在重大事件、敏感话题层出不穷的当下，思政教学不能闭门造车，而应主动回应学生关切，引导学生正确认识和分析社会现象。教师可以适时将国内外最新时事和政策编入教学案例，也可以用发生在身边的鲜活素材讲述枯燥的理论知识，激发学生的学习兴趣。同时，网络教学资源还应体现思政教育的价值导向，注重培养学生的家国情怀、社会责任感和人文关怀。教师应精心遴选体现社会主义核心价值观的优秀作品，如红色经典、英雄模范事迹等，帮助学生树立正确的世界观、人生观和价值观。

从资源形式的角度看，思政网络教学资源的更新应顺应“互联网+”发展趋势，充分利用信息技术手段。一方面，教师可以积极开发视频、动画、虚拟仿真等形式新颖、感官刺激强的多媒体资源，满足当代大学生获取信息的多元化需求。另一方面，教师还可借助在线社区、社交媒体等平台，开展实时互动交流，引导学生参与思辨和讨论。这种沉浸式、参与式的学习方式更能调动学生的主动性和创造性，提升教学效果。当然，资源形式的创新并非追求花哨的堆砌，而应从教学内容和教学目标出发，选择最为适切的呈现方式。

此外，高校还应建立科学规范的网络教学资源更新工作机制。一是成立专门的资源建设小组，明确分工、落实责任，定期开展资源盘点和更新。二是鼓励教师深度参与资源建设，将其纳入教学工作量和绩效考核，调动教师的积极性和主动性。三是加强校际合作、校企合作，整合优质资源，实现资源共建共享。四是建立资源使用反馈机制，高校可以通过问卷调查、数据分析等方式，准确把握学生需求，为后续更新提供依据。

总之，网络教学资源更新是一项系统工程，需要教师、高校、社会多方协同发力。只有与时俱进地创新教学内容，多元融合地丰富呈现形式，规范高效地开展更新工作，才能不断增强高校思政网络教学的针对性和实效性，用“活”的思政话语吸引学生、感染学生、塑造学生，为培养担当民族复兴大任的时代新人提供坚实保障。

三、网络教学互动机制的设计

（一）互动工具选择

在全媒体时代，高校思政教学面临着前所未有的机遇和挑战。如何有效利用网络平台和资源，构建互动性强、吸引力高的网络教学模式，已经成为思政教育工作者亟须解决的重要课题。互动工具的选择，无疑是实现这一目标的关键所在。

互动工具的选择应立足于思政课程的特点和教学目标。与其他学科不同，思政课程不仅要传授知识，更要注重价值引领和情感培育。因此，互动工具的选择不能局限于知识传递层面，而应更加关注学生的情感体验和价值认同。具体来说，互动工具应能够营造良好的教学氛围，激发学生的学习兴趣，引导学生积极思考、主动参与，使其在互动中加深对思政内容的理解和内化。

从互动形式的角度来看，讨论区、在线测试、投票问卷等是较为常见且行之有效的互动工具。讨论区为师生之间、生生之间提供了自由交流的平台，有利于促进不同观点的碰撞，培养学生的批判性思维和表达能力。在线测试则可以及时检验学生的学习效果，帮助教师发现教学中的薄弱环节，使其有针对性地调整教学策略。投票问卷则可以收集学生对教学内容、教学方式的反馈意见，为教学改进提供依据。同时，这些互动形式也有助于增强学生的参与感和获得感，提高其学习的主动性。

从互动内容的角度来看，案例分析、角色扮演等是富有思政课程特色的互动工具。案例分析通过引入与教学内容相关的真实案例，引导学生运用所学知识分析问题、解决问题，使其加深对理论知识的理解和掌握。角色扮演则通过创设特定情境，让学生代入不同角色，在体验式学习中加深对所学内容的情感认同，提高解决实际问题的能力。这些互动工具不仅能够拉近理论与实践的距离，也能够增强思政课程的吸引力和感染力。

互动工具的有效性还取决于教师的设计和引导能力。教师应根据教学内容和学情，精心设计互动环节，提出富有思考性和挑战性的问题，鼓励学生积极发言、交流想法。在互动过程中，教师还应适时引导讨论方向，对学生的观点进行点评和总结，帮助其梳理思路、深化认识。此外，教师还应注重互动效果的评价和反馈，根据学生的表现适当调整互动方式和节奏，确保互动环节的针对性和实效性。

需要指出的是，互动工具的选择应遵循适度性原则，避免过度使用或盲目跟风。过于频繁的互动可能会分散学生的注意力，影响教学内容的连贯性和系统性；而盲目照搬其他课程的互动模式，则可能不符合思政课程的特点，难以达到预期效果。因此，教师应根据思政课程的性质和要求，灵活选择和调整互动工具，找到适合自己和学生的互动方式。

总之，互动工具的选择是全媒体时代高校思政教学创新的重要环节。讨论区、在线测试、投票问卷等形式，以及案例分析、角色扮演等内容，能够有效提升思政课程的吸引力和育人实效。教师的精心设计和灵活引导，则是互动环节成功的关键。只有不断探索和完善互动教学模式，才能真正实现全媒体时代高校思政教学的创新发展，提升思政课程的亲和力和针对性，为培养社会主义建设者和接班人提供坚实保障。

（二）互动内容设计

互动内容设计是网络教学中最富有挑战性和创造性的环节之一。它直接影响着学生的学习体验和教学效果，需要教师在充分理解教学内容和学情的基础上，精心设计互动环节，调动学生的主动性和参与性。

首先，互动内容的设计应紧密围绕教学目标展开。教师需要明确互动活动的目的是巩固知识、拓展思维还是培养能力，并据此选择恰当的互动内容，确保互动内容与教学目标紧密契合，切实服务于学生核心素养的培养。

其次，互动内容的设计应符合学生的认知发展规律。全媒体时代的大学生思维活跃，接收信息的方式多元化，对互动性和参与感有更高的诉求。因此，教师在设计互动环节时，应充分考虑学生的年龄特点、认知水平和兴趣爱好，提供具有吸引力、感染力的互动内容。互动内容只有贴近学生生活实际，激发其探究欲望，唤起其情感共鸣，才能收到事半功倍之效。

再次，互动内容的设计应体现思政教学的内在要求。高校思政课承担着引导学生树立正确的世界观、人生观、价值观的重任，互动环节理应成为弘扬主旋律、传播正能量的重要阵地。为此，教师应把握正确的政治方向和价值取向，将社会主义核心价值观、中华优秀传统文化等元素巧妙融入互动内容之中。例如，在组织专题讨论时，教师可以选取富有正能量的素材，引导学生从不同角度分析问题，形成积极向上的人生态度；在设计实践任务时，教师可以结合社会热点和学生关切，鼓励其走出课堂，在服务社会的过程中坚定理想信念。

最后，互动内容的设计还应注重形式的创新。随着信息技术的发展，网络教学平台为互动方式注入了新的活力。教师应紧跟时代步伐，积极利用信息化手段丰富互动内容。例如，教师可以借助 VR、AR 等技术，为学生提供身临其境的学习体验；又如，教师可以通过在线测试、即时反馈等功能，及时了解学生的学习状态，为其提供个性化指导。同时，教师还应注意线上线下互动的有机结合，通过课堂讨论、社会实践等多种途径，拓展互动的时空维度。总之，互动形式的创新应以内容为本，科学运用现代信息技术，不断提升互动环节的吸引力和有效性。

综上所述，互动内容设计是网络教学的关键一环，对于提高教学质量，促进学生全面发展具有重要意义。教师应立足教学实际，把握学生特点，围绕育人目标，精心设计互动环节。只有不断创新互动内容和形式，用心打造精品课程，才能充分调动学生学习的主动性和创造性，为其成长成才奠定坚实基础。

（三）互动反馈机制

互动反馈机制的核心在于构建一个教师、学生、教学内容三者之间动态循环的信息通道。这一通道的建立，打破了传统教学模式中教师“一言堂”的局面，使学生从被动接收者转变为积极参与者。在传统的思政课堂教学中，教师往往掌握着绝对的话语权，而学生则往往处于被动聆听的地位。这种单向度的知识传授模式不仅难以激发学生的学习兴趣，更难以引导他们进行深度思考和主动探究。然而，网络教学平台的兴起为这一困境的破解提供了崭新的契机。

借助网络教学平台，教师可以灵活运用讨论区、问卷调查、在线测试等多种互动工具，实时掌握学生的学习状态和思考困惑。这些信息反馈成为教师调整教学内容和方法的重要依据，使得教学更加贴近学生的实际需求，实现了教学相长的良性循环。同时，学生也通过这些互动渠道表达自己的观点、看法，分享学习心得，从而在师生之间、生生之间的互动交流中加深对知识的理解和内化。

互动反馈机制的引入不仅改变了教学方式，更在深层次上影响了教学理念。它强调以学生为中心，尊重学生的个体差异和主体地位，鼓励学生积极参与、主动探索。这种教学理念的转变是思政教学适应全媒体时代要求的必然结果，也是提升思政教学针对性和实效性的关键所在。

互动反馈的形式应是多样化的，既包括同步反馈，也包括异步反馈。这两种反馈形式各有优势，可以相互补充，共同构成完整的互动反馈体系。

在同步教学环节，教师可以通过语音、视频、白板等即时通信工具，与学生进行实时互动交流。这种互动方式能够迅速解答学生的疑问，引导他们即时讨论和思考，从而有效提升课堂的活跃度和参与度。例如，在讲解某个难点问题时，教师可以通过视频连线的方式，邀请学生发表自己的见解，或者通过白板功能，即时展示学生的思考过程，进行有针对性的指导。

在异步教学环节，教师则可以借助课程公告、讨论区、电子邮件等延时通信工具，与学生开展非实时的互动。这种互动方式给予了学生更多的思考时间，使他们能够在深入思考、充分准备后，再给出更加成熟和深刻的反馈。同时，教师也可以利用这段时间对学生的反馈进行细致的梳理和分析，为下一步的教学提供更有针对性的指导。

无论采取何种互动形式，教师都应秉持尊重、平等、包容的态度，营造民主、和谐的互动氛围。这是激发学生参与积极性的关键所在。只有当学生感受到教师的尊重和信任时，他们才会敞开心扉、畅所欲言，真正投入互动学习中。因此，教师在设计互动环节时，应注重培养学生的主体意识，鼓励他们大胆表达自己的观点，即使这些观点可能与教师的看法不同，也应给予充分的尊重和理解。

互动反馈的内容，应聚焦于引导学生进行深度思考和价值澄清。思想政治理论课不同于一般的知识课程，它更加强调价值引领和情感培育。因此，教师在设计互动问题时，应紧密围绕学生思想认识的疑点、难点，引导他们运用马克思主义基本原理分析现实问题，从而在解疑释惑中坚定理想信念。

例如，在学习社会主义核心价值观相关内容时，教师可以设置一系列开放性问题，如你如何看待诚信在现代社会中的重要性？你认为如何将爱国主义精神转化为实际行动？等等。这些问题能够激发学生的思考热情，引导他们结合生活实际谈认识、谈体会。在互动过程中，教师不仅可以了解学生的思想动态和价值取向，还可以适时地给予引导和纠正，帮助他们将正确的价值追求内化为自觉行动。

同时，互动反馈还应重视学生创新精神和实践能力的培养。鼓励学生围绕教学主题开展探究性学习，提出新颖、独到的观点、看法。在同伴互评中，学生可以相互学习、相互借鉴，不断完善自己的思路、深化对问题的认识。这种探究性学习方式，不仅能够提升学生的创新能力和实践能力，还能够培养他们的团队合作能力和批判性思维。

互动反馈的实施，还应注重过程性评价和反思改进。过程性评价是对学生参与互动情况的全面记录和分析，包括发言频次、观点创新度、逻辑缜密性等。这些评价数据可以作为平时成绩考核的重要依据，激励学生积极参与互动学习。同时，过程性评价还能够为教师提供宝贵的教学反馈，帮助教师了解教学效果、发现教学问题，从而及时调整教学策略和方法。

更为重要的是，教师还应基于过程性评价进行深入的反思和改进。通过对学生参与互动情况的细致分析，教师可以发现自己在教学设计、教学方法、教学态度等方面存在的问题和不足。针对这些问题，教师可以进行有针对性的改进和优化，从而提升互动反馈的教学效果。例如，如果学生在某个话题的讨论中积极性不高，教师就可以反思是话题设置不够贴近实际、引导方式不够生动有趣，还是讨论氛围不够宽松、自由。通过反思和改进，教师可以不断优化互动设计、改进教学方法，真正实现“评价—反思—改进”的循环迭代。

全媒体时代，互动反馈机制正在成为高校思政网络教学的新常态。这一机制的引入不仅创新了思政教学模式，提升了思政教学质量，更在培养学生家国情怀、全局观念、责任意识等方面发挥了重要作用。同时，互动反馈还能够激发学生的创新意识和实践能力，为他们未来的成长和发展奠定坚实的基础。

在今后的教学实践中，广大思政工作者还需要进一步探索互动反馈的内容、形式、评价等。例如，可以尝试引入更多的互动工具和技术手段，丰富互动的形式和内涵；可以设计更加贴近学生实际、引发学生思考的互动问题，提升互动的深度和广度；可以建立更加科学、合理的评价体系，客观、全面地反映学生的参与情况和学习成果。通过这些努力，广大思政教育工作者能够不断增强互动反馈的吸引力和实效性，切实发挥思政教学思想引领和精神塑造的独特作用。

总之，互动反馈机制是高校思政网络教学创新的重要方向。在全媒体时代背景下，深入推进互动反馈机制建设，有利于不断创新教学模式和方法，从而提升教学质量和效果。同时，还要注重培养学生的家国情怀、全局观念、责任意识等核心素养，引导他们将社会主义核心价值观内化于心、外化于行，成长为担当民族复兴大任的时代新人。

参考文献

［1］尹韵公．中国新媒体发展报告（2018）［M］．北京：社会科学文献出版社，2018.

［2］谢耘耕，陈虹．新媒体与社会：第 21 辑［M］．上海：上海交通大学出版社，2018.

［3］王学俭，刘强．新媒体与高校思想政治教育［M］．北京：人民出版社，2012.

［4］刘雪峰．高校思想政治教育与校园文化建设创新研究［M］．哈尔滨：黑龙江大学出版社，2014.

［5］甘晓涌．“微形式”下高校思想政治教育创新新路径探讨［J］．高教学刊，2016（5）：252-253.

［6］童琼玉．高校大学生政治思想现状与“思政课”教改对策研究［J］．湖北函授大学学报，2016，29（2）：45-46.

［7］黄志伟．新媒体时代大学生思想政治教育探究［J］．中国校外教育，2018（18）：85.

［8］马延娜．全媒体时代高校思政课青年教师教学能力提升探究［J］．人生与伴侣，2024（3）：89-91.

［9］杨洋．全媒体语境下高校思政课教学话语有效性的构建［J］．中国新闻传播研究，2023（2）：249-260.

［10］王蕾．教师视域下全媒体时代高校思政课课堂教学的应对策略研究［J］．新闻研究导刊，2023，14（20）：96-98.

［11］伍远岳，武艺菲．大数据时代的教育评价：特征、风险与破解之道［J］．中国考试，2023（10）：9-16.

［12］史洁，张翮，吴雪龙．全媒体时代移动教学手段在高校思政课教学中的应用与探索：以“云班课”为例［J］．文教资料，2023（17）：48-51.

［13］王江．新媒体思政课教学全过程模式构建与实现途径：以社会主义核心

价值观为分析视角［J］. 中学政治教学参考，2023（23）：73–75.
［14］罗汉妮，孙晨，张进秋. 全媒体时代高校思政课教师教学能力提升路径探析［J］. 湖北经济学院学报（人文社会科学版），2022，19（4）：124–126.
［15］徐丽霞. 全媒体时代高校思政课教学模式创新面临的问题及对策研究［J］. 教育观察，2020，9（34）：72–74.
［16］周素勤. 全媒体视域下如何提升大学生思政课的获得感［J］. 文教资料，2020（22）：152–153.
［17］陈霞. 网络话语对大学生思想状况的影响及教育对策研究［D］. 北京：中国地质大学，2018.